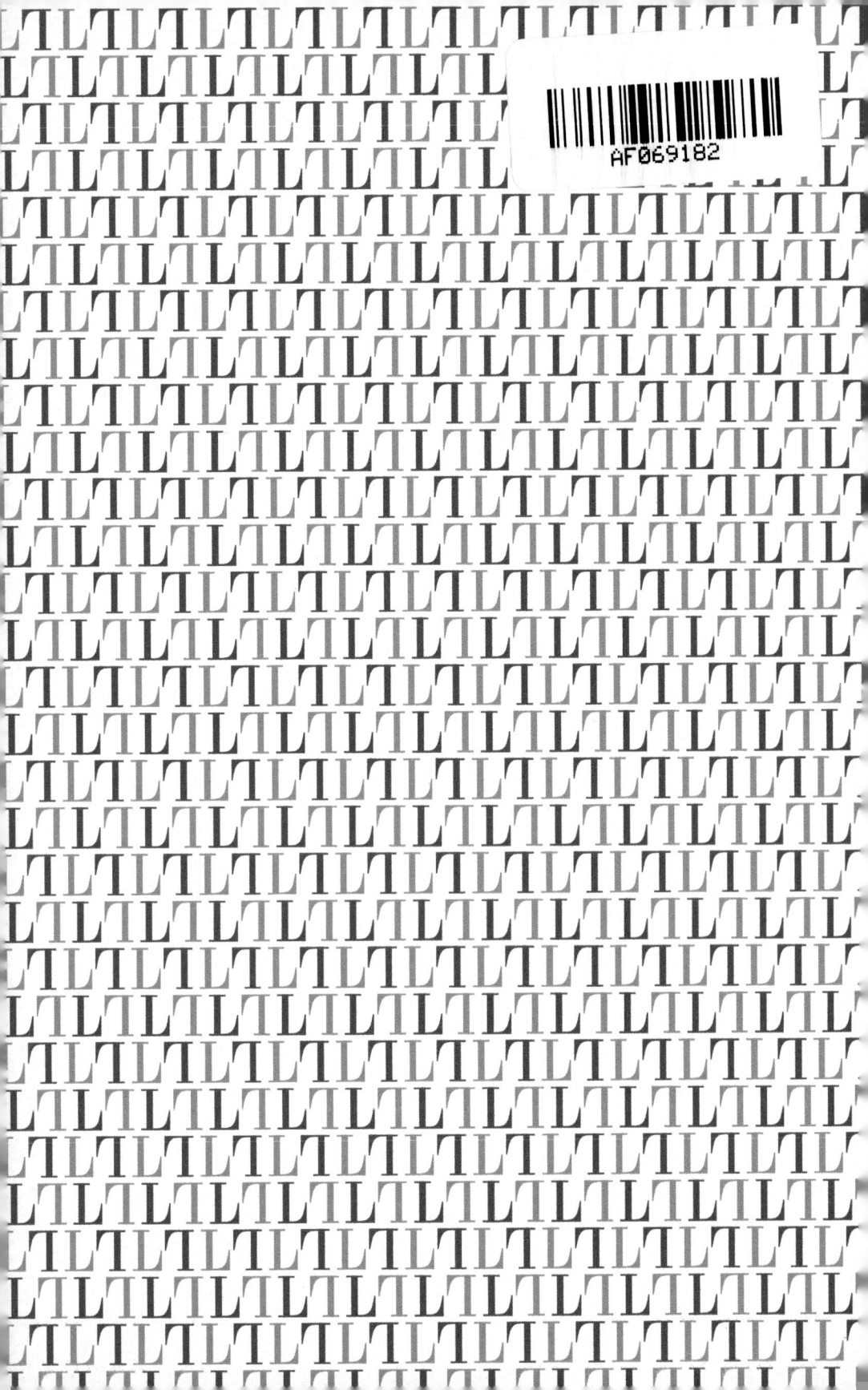

La muerte de Virginia

La muerte de Virginia

Leonard Woolf

Traducción del inglés de
Miguel Temprano García

Lumen

narrativa

Papel certificado por el Forest Stewardship Council®

Título original: *The Journey Not The Arrival Matters*

Primera edición: marzo de 2012
Segunda reimpresión: julio de 2025

© 1969, Leonard Woolf / The University of Sussex
© 2012, 2022, Penguin Random House Grupo Editorial, S. A. U.
Travessera de Gràcia, 47-49. 08021 Barcelona
© 2012, Miguel Temprano García, por la traducción

Penguin Random House Grupo Editorial apoya la protección de la propiedad intelectual. La propiedad intelectual estimula la creatividad, defiende la diversidad en el ámbito de las ideas y el conocimiento, promueve la libre expresión y favorece una cultura viva. Gracias por comprar una edición autorizada de este libro y por respetar las leyes de propiedad intelectual al no reproducir ni distribuir ninguna parte de esta obra por ningún medio sin permiso. Al hacerlo está respaldando a los autores y permitiendo que PRHGE continúe publicando libros para todos los lectores. De conformidad con lo dispuesto en el artículo 67.3 del Real Decreto Ley 24/2021, de 2 de noviembre, PRHGE se reserva expresamente los derechos de reproducción y de uso de esta obra y de todos sus elementos mediante medios de lectura mecánica y otros medios adecuados a tal fin. Diríjase a CEDRO (Centro Español de Derechos Reprográficos, http://www.cedro.org) si necesita reproducir algún fragmento de esta obra.
En caso de necesidad, contacte con: seguridadproductos@penguinrandomhouse.com

Printed in Spain – Impreso en España

ISBN: 978-84-264-1968-2
Depósito legal: B-17.701-2021

Compuesto en M. I. Maquetación, S. L.
Impreso en Liber Digital, S. L. (Casarrubuelos, Madrid)

H 4 1 9 6 8 B

La muerte de Virginia

Nota del editor

Lo que en castellano publicamos aquí con el título de *La muerte de Virginia* es, en puridad, el quinto y último volumen de la autobiografía de Leonard Woolf, compuesta por los títulos *Sowing* (1960), que cubre la época comprendida entre 1880 y 1904, *Growing* (1961), que va de 1904 a 1911, *Beginning Again* (1964), que evoca el periodo de los años 1911 a 1918, *Downhill All the Way* (1967), la crónica de entreguerras, a partir de 1918 y hasta 1939, donde arranca la última entrega, *The Journey Not the Arrival Matters* (1969), que alcanza hasta el año de la muerte del longevo escritor, político y editor. De ahí que, a lo largo del libro, Woolf haga referencias a los títulos anteriores de sus memorias, indicaciones que, de momento, resultan superfluas para el lector en español.

En 1975, Lumen, y en edición de Marta Pessarrodona, ya publicó por separado el primer capítulo de este libro, *La muerte de Virginia*, en la colección Palabra Menor. Al añadirle ahora los tres capítulos restantes («Hogarth Press», «1941-1945» y «Todos nuestros ayeres»), hemos decidido mantener aquel título, aun a sabiendas de que no se trata del original, por considerarlo más atractivo para el lector en español que, como se ha apuntado, no cuenta aún y quién sabe por cuanto tiempo, con traducciones de los títulos precedentes, algo que, por otra parte, no condiciona la comprensión cabal del libro, sin duda el que, de entre los cinco que conforman la autobiografía, mayor interés puede suscitar en el lector español.

1

La muerte de Virginia

La segunda de las guerras mundiales que he vivido estalló el 3 de septiembre de 1939. Veinticinco años antes, un día de verano del mes de agosto, la Gran Guerra de 1914 se había abatido, histórica y psicológicamente, sobre nosotros, sobre nuestra generación, y de hecho sobre todas las generaciones europeas, como un rayo caído del cielo. Fue como si nos golpearan con violencia en la cabeza y apenas nos diésemos cuenta de que estábamos involucrados en una catástrofe como las de las pesadillas. A lo largo de cuatrocientos años, parecía haberse extendido, dentro y fuera de Europa, una especie de civilización que había convertido semejante Armagedón en un imposible —o al menos improbable— anacronismo. Había habido guerras y todavía rezábamos maquinalmente los domingos a un Dios muy anticuado para que nos librara de la «batalla» igual que del asesinato y la muerte súbita, de las «artes y tentaciones del demonio» y de la «fornicación y los demás pecados capitales»; pero eran guerras locales o provincianas y millones de personas habían vivido y muerto sin oír los redobles y las pisadas de la conquista, o habían tenido muy pocas probabilidades de estar «en la peligrosa proximidad de la batalla».[1]

La psicología de septiembre de 1939 fue totalmente distinta de la de agosto de 1914. La gente de mi generación sabía entonces lo que es la guerra: los horrores de la muerte y la destrucción, las heridas, el dolor, el luto y la brutalidad, pero también su vacuidad negativa y la desolación de ese aburrimiento cósmico y personal, de la sensación de estar aguardando eternamente en la sucia y anodina sala de espera de una estación de ferrocarril, una sala de espera de estación cósmica, sin otra cosa que hacer que esperar eternamente que ocurra la siguiente catástrofe. Sabíamos que la guerra y la civilización en el mundo moderno son incompatibles, y que la guerra de 1914 había destruido la esperanza de que las personas se estuvieran civilizando, una esperanza que no parecía del todo irracional a principios del siglo XX. La Europa de 1933 era infinitamente más bárbara y estaba más degradada que la de 1914 o 1919. En Rusia, hacía más de un decenio que gobernaban con un poder absoluto un gobierno, un partido político y un dictador que, basados en una imbecilidad doctrinaria y sobrehumana, habían asesinado a millones de sus conciudadanos por no ser tan pobres como los campesinos más pobres; los comunistas, por ser comunistas, torturaban y asesinaban continuamente a otros comunistas con la excusa de que eran o bien desviacionistas de izquierdas o de derechas. En Italia se habían establecido un gobierno y un dictador que, con una doctrina política que pretendía ser lo contrario del comunismo ruso, producían, con mucha menos eficacia los mismos resultados de estupidez y salvajismo. En Alemania había aparecido el mismo fenómeno que en Rusia y en Italia, aunque la barbarie de Hitler y los nazis entre 1933 y 1939 demostró ser mucho más repugnante, peligrosa y demencial incluso que la barbarie de Stalin y los comunistas.

Por eso, en muchos sentidos, los últimos años de paz antes de que estallara la guerra en 1939 fueron el período más horrible de mi vida. Después de 1933, a medida que una crisis orquestada por Adolf Hitler sucedía a otra, uno iba dándose cuenta de manera paulatina de que el poder de determinar la historia y el destino de Europa había caído en manos de un sádico y un demente. Al escuchar en la radio la histeria de un discurso del Führer en algún mitin, y ver cómo excitaba la salvaje histeria de miles de sus seguidores nazis, uno tenía la sensación de que Alemania y los alemanes se habían contagiado de su locura. A medida que pasaban los años, quedó claro que quienes ejercían el poder en Francia y Gran Bretaña no ofrecerían verdadera resistencia a Hitler. La vida se convirtió en una de esas terribles pesadillas en las que uno trata de escapar de un horror maligno, informe y sin nombre y las piernas se niegan a andar, por lo que solo cabe esperar, paralizado por el horror, una aniquilación inevitable. Después de la invasión de Austria por los nazis, uno esperaba inerme esa guerra inevitable.

Fue esa sensación de desesperanza e indefensión, la intuición de la catástrofe y de que las fuerzas de la historia estaban totalmente fuera de control, lo que facilitó el avance hacia la guerra e hizo que el estallido de la misma fuese tan distinto en 1939 de lo que lo había sido veinticinco años antes. Vale la pena recordar algunos hechos relacionados con esa intuición y esa desesperanza. Un año antes de que estallara la guerra, Victor Gollancz, Harold Laski y John Strachey me pidieron que escribiera un libro para el Left Book Club. Escribí un volumen que titulé *Barbarians at the Gate*. Empecé citando «unas palabras escritas unos veinticinco siglos antes» por Jeremías, «el padre de las lamentaciones comunitarias», quejándose de la destrucción de la civilización por parte de los bárbaros, que han quemado incienso en honor de dioses extranjeros, inundado Jerusalén con la sangre de inocentes y quemado a sus hijos para hacer ofrendas a Baal: «Ved, por tanto, que ha llegado el día en que este lugar no se llamará Tophet, ni valle del hijo de Hinnom, sino "valle de la matanza"».[2] Proseguí señalando (hace casi treinta años) las diferencias entre 1938 y 1914, pues «cuando abrías el periódico en aquellos días, no te encontrabas con la tortura, persecución, expropiación, encarcelamiento o eliminación al por mayor de decenas o de cientos de miles de personas clasificadas o etiquetadas para su destrucción como socialdemócratas, comunistas, judíos, pastores luteranos, católicos romanos, capitalistas o kulaks». Insistí en que la mayor amenaza para la civilización no era tanto la barbarie de aquellos bárbaros como la falta de unidad entre las personas civilizadas, e hice la triste y acertada profecía:

> Es casi seguro que la economía, una guerra o ambas cosas acabarán destruyendo a los dictadores fascistas y sus regímenes. Pero eso no significa que la civilización vaya a triunfar automáticamente sobre la barbarie.

Conservo un recuerdo divertido en relación con aquel libro. Cuando envié el manuscrito, recibí una carta que demostraba cierta inquietud por parte de Victor. A los tres editores les había gustado mucho el libro, decía, pero les preocupaban mis críticas al gobierno soviético y al comunismo, ¿no podría moderarlas un poco? Contesté que estaba dispuesto a tener en cuenta cualquier crítica o sugerencia concreta y particular para modificar lo que fuese, pero que no pensaba modificar mis opiniones por motivos de conveniencia. Al final decidimos que nos reuniríamos los cuatro y discutiríamos en detalle el manuscrito. Me reuní con los editores en el despacho de Victor después de cenar el 24 de julio de 1939. Estaban muy molestos por mis críticas a los comunistas rusos y su gobierno y me presionaron para que las modificara. Los cambios que pedían habrían sido, desde mi punto de vista, poco honrados, pues habrían ocultado lo que, en mi opinión, era la verdad del autoritarismo en la Rusia de Stalin. Los bárbaros habían atravesado ya las puertas en Moscú y en Berlín: ocultar o camuflar la verdad en la mitad comunista de Europa convertiría mi libro en un absurdo nada sincero. Me negué a dejarme convencer, la discusión siguió dos o tres horas y las posiciones se fueron haciendo más enconadas a medida que aumentaba el acaloramiento por su parte y la frialdad por la mía. El libro se publicó sin modificaciones, y hoy puedo consolarme e incluso felicitarme pensando que, si siguieran con vida —aunque, por desgracia, los tres han muerto—, los tres estarían de acuerdo con todo lo que escribí.

Esa tarde, cuando me levanté para marcharme, tuve la sensación de que no había acabado de congraciarme con mis tres amigos, a quienes apreciaba mucho, tanto en la intimidad como en la vida pública. Flotaba una leve nube y se palpaba cierta tensión en el aire, pero me alegra recordar que, antes de que me fuese, un pequeño y absurdo incidente contribuyó a dispersarlos por completo. En la pared de enfrente de donde había estado sentado había un cuadro que me había dedicado a contemplar con placer y alivio durante la larga y más bien aburrida y exasperante discusión. Agradecido al pintor, después de despedirme de Victor le pregunté quién lo había pintado y añadí que había disfrutado mucho contemplándolo. No podría haber dicho nada que le agradara más o que contribuyese mejor a aliviar la tensión, pues la pintora resultó ser su mujer. Salí del despacho no bajo una nube, sino con un aura de amistad y entendimiento.

Para volver a la psicología de los años anteriores a la guerra, uno solo se daba cuenta poco a poco de la brutal barbarie de los nazis en Alemania y de la inevitabilidad de la guerra, pero todavía recuerdo momentos de horrorizada lucidez. Una vez que un judío disparó a un diplomático alemán en París, el gobierno instigó un pogromo indiscriminado contra los judíos en toda Alemania. Se persiguió a los judíos, se les golpeó y humilló públicamente en las calles y los pueblos. Vi una fotografía de un judío al que unos camisas pardas sacaban a rastras de su tienda en una de las calles principales de Berlín: le habían desabotonado la braguetа para mostrar que estaba circuncidado y por tanto era judío. En el rostro del hombre se veía la horrible mirada de puro sufrimiento y desesperación que desde el principio de la historia los hombres han visto bajo la corona de espinas en el rostro de sus víctimas perseguidas y humilladas. Pero lo más horrible de dicha fotografía eran las miradas en los rostros de los hombres y las mujeres respetables que, de pie en la acera, se burlaban de la víctima.*

Tal como escribí en *Downhill All The Way*, cuando viajé por Alemania en 1935, «no resultó placentero; algo siniestro y amena-

---

* Percibo algo especialmente horrible en el horror estático de esa fotografía, el recuerdo congelado de la desesperación de la víctima y la alegría de los espectadores. Aún más horrible y obsesiva es una fotografía, publicada después de la guerra, de una larga fila de judíos, hombres, mujeres y niños, a quienes conducen desnudos por un sendero hacia la cámara de gas. Una vez más, uno ve ante sus ojos la barbarie de la raza humana en pleno siglo XX.

zador palpitaba en la Alemania de 1935. Bajo la superficie de la tradición alemana subyace una estupidez cruda y salvaje, que se percibe al recorrer el soleado paisaje bávaro y ver los enormes carteles que nos informan de que los judíos no son bien recibidos». No obstante en 1935 Hitler llevaba solo dos años en el poder, y aquella «estupidez cruda y salvaje» que subyacía bajo la superficie solo se percibía vagamente. De hecho había algo mucho más brutal y siniestro, y los años siguientes pudimos vislumbrarlo de vez en cuando. Por ejemplo, justo antes de la guerra, Adrian Stephen supo que un amigo suyo alemán corría un gran peligro por culpa de los nazis y viajó a Berlín con influyentes apoyos para intentar sacarlo de Alemania. Llevó a cabo extrañas y complicadas negociaciones en el curso de las cuales vio parte de lo que estaban haciendo los nazis y de lo que pensaban hacer. El relato de sus vivencias nos hizo abrir más los ojos y contemplar el abismo. Después de haber presenciado la brutalidad alemana, cuando estalló la guerra y tuvimos que enfrentarnos a la posibilidad, si no a la probabilidad, de una invasión, Adrian nos dijo que antes de caer en manos de los alemanes preferiría suicidarse y que se había procurado los medios para hacerlo; nos ofreció a Virginia y a mí, que sin duda nos habríamos contado entre los proscritos, una dosis de aquel veneno protector. Recuerdo haber leído en las memorias de Harold Nicolson que Vita y él también se hicieron con un «simple estilete»[3] para procurar su reposo y evitar el destino que les esperaba si caían en manos de los nazis. Aquí vemos, una vez más, la terrible prueba de la diferencia entre el salvajismo de la Europa de 1939 y la de 1914, pues en 1939 encontramos cinco personas normales e inteligentes en Inglaterra disponiendo los medios para suicidarse y escapar a las torturas que con total seguridad les esperaban si los alemanes llegaban a atraparlos. Es inconcebible que nadie en la Inglaterra de 1914 hubiese pensado siquiera por un momento en suicidarse si los ejércitos del káiser hubieran invadido el país.

Al escribir una autobiografía que cubre los años de 1939 a 1945, en mi opinión, uno debería tratar de enfrentarse de un modo u otro y con cierta objetividad al hecho del horrible salvajismo de Hitler y los alemanes. Había algo demencial en el genocidio hitleriano; en sus escritos, en sus conversaciones, en sus actos y en la planificación y ejecución de su colosal plan para asesinar a sangre fría a millones de personas solo porque pertenecían a una raza o religión que a él no le gustaba: judíos, polacos o gitanos. Pero esta pesadilla sádica de un demente megalomaníaco solo se llevó y solo pudo llevarse a cabo gracias a cientos, o miles, de alemanes corrientes y cuerdos. Asesinaron de modos diversos, pero sobre todo en mortíferas cámaras de gas, a seis o siete millones de personas con la mayor eficacia y la más espantosa crueldad. Los médicos que realizaron repugnantes experimentos y operaciones con sus víctimas, los guardias y comandantes que año tras año mataron de hambre y torturaron a millones de sus conciudadanos en los campos de concentración alemanes, parecían haberse dejado contagiar por la locura sádica de Hitler. De vez en cuando conocemos como por casualidad hechos que muestran lo extendida que estaba esta crueldad inhumana entre los alemanes. Un operario holandés me contó que, cuando los nazis ocuparon Holanda, tuvo que trabajar para ellos en un aeródromo. En una línea férrea cercana cargaban a los judíos en vagones de ganado para trasladarlos a Alemania y ser aniquilados. Un día vio a un niño pequeño que lloraba asustado y tiraba de su madre tratando de impedir que subiera al tren. Un guardia alemán lo cogió de la pierna y lo arrojó por el aire como un saco de trigo, de forma que cayó de costado en el suelo del vagón. El holandés me contó que ya nunca pudo olvidar esa escena; le obsesionó y le hizo odiar a todos los alemanes.

«Le hizo odiar a todos los alemanes», la frase me obsesiona tanto como el rostro de la mujer bien vestida de la fotografía que se burla del rostro torturado del judío con la bragueta abierta, y los rostros perplejos de las mujeres y los niños desnudos de la otra fotografía mientras guardias uniformados alemanes los conducen por un sendero hacia las cámaras de la muerte. La despiadada crueldad, lo implacable, la terrible falta de compasión de esos asesinos y torturadores insensibles, y el odio a los alemanes que despertaron en aquel holandés son los estigmas del mundo en que he vivido desde 1914. Siento crecer el odio en mi interior, y eso que no odio nada tanto como el odio, pues sé que no es ni racional ni objetivo. Hay un tópico bien conocido que dice que no se puede condenar a toda una nación, y tiene algo de verdad. Sin embargo, la escala de la crueldad y la barbarie alemanas bajo Hitler en los años que van de 1933 a 1945 es tan colosal que parece cualitativamente distinta de la barbarie de cualquier otro pueblo europeo.

Esos horribles acontecimientos, y su efecto sobre la psicología común y personal del mundo en que me ha tocado vivir, me parecen de enorme importancia; comprenderlos también es importantísimo. Para eso, al menos hasta cierto punto, uno debe, en mi opinión, considerar la naturaleza y la historia de la crueldad. Montaigne escribe en uno de sus ensayos:

> De todos los vicios no hay ninguno que deteste tanto como la crueldad, tanto por naturaleza como racionalmente, por ser el vicio más extremo de todos. Siento consternación y pesar cuando veo cómo les retuercen el cuello a los pollos, o cómo acuchillan a los cerdos, y no puedo hacer otra cosa que lamentarme, y no soporto ver cómo chilla la pobre liebre salpicada de rocío cuando la alcanzan los galgos.

Estoy de acuerdo con Montaigne, no hay faceta más horrible del ser humano que la crueldad. Pero la cuestión no es solo que nos guste o disguste o que toleremos o no un vicio o una virtud. Escribo estas palabras en septiembre de 1967; hace cuatrocientos años que Montaigne escribió la frase citada arriba; es posible que la escribiera en el torreón de la muralla de su *château* en Montaigne una mañana de septiembre de 1567. Fue, además, el primer hombre totalmente moderno: un hombre del Renacimiento, ese movimiento en la imaginación de los hombres, y por tanto en la historia, que creó una nueva civilización, la civilización moderna que se inició en el Renacimiento en el siglo XIV y fue destruida en 1914. Una parte integral en la nueva civilización fue la revolución en la actitud del hombre hacia el hombre. Antes del Renacimiento, en todas las civilizaciones anteriores, apenas se reparaba en la singularilidad del individuo, que no contaba nada o casi nada en la ética y la organización de la sociedad: los hombres las mujeres y los niños no eran individuos, no eran en ningún sentido «yo», sino que eran miembros anónimos e impersonales pertenecientes a clases o castas. A mitad del siglo XIV esa actitud medieval con respecto a los seres humanos, que constituía la base de la sociedad, empezó a dejar paso a la incómoda conciencia de la singularidad del individuo. Montaigne fue el primer hombre moderno por su viva percepción y su apasionado interés por su propia individualidad y la de los demás seres humanos.

La combinación en Montaigne de un intenso odio por la crueldad y la intensa percepción de la individualidad no es fortuita. En una sociedad en la que las personas no se consideran seres humanos individuales no hay sitio para la piedad o la humanidad, sino que son solo piezas impersonales en un mecanismo rígidamente organizado. Únicamente cuando uno siente que los demás tienen un «yo» como nuestro propio «yo», solo cuando se considera a los demás como individuos, se puede sentir lo que sentía Montaigne por la crueldad. Únicamente la aguda conciencia de mi propia individualidad hace que me dé cuenta de que yo soy yo, y de lo que significan el dolor, la persecución y la muerte para ese «yo». Para mí «la muerte es el enemigo», el enemigo último, pues es ella la que destruirá, borrará y aniquilará mi individualidad, mi «yo». Lo que resulta tan difícil de entender es que todos los demás seres humanos, e incluso el pollo, el cerdo y la liebre salpicada de rocío tienen un «yo» exactamente similar, con los mismos sentimientos de placer y dolor personal, la misma temerosa conciencia de la muerte, esa destructora de ese «yo» único. En la civilización que se desarrolló a partir del Renacimiento, el ideal común se definió en las famosas libertad, igualdad, fraternidad, de la Revolución francesa. Pero esas palabras se limitan a traducir en términos sociales y políticos la conciencia de la individualidad universal y el derecho de todos a ser tratados como individuos, como seres humanos libres. El desarrollo de una civilización —sus creencias, ideales e instituciones— es un proceso largo y oscilante. En los años transcurridos entre la época de Montaigne y la guerra de 1914 se produjo un continuo flujo y reflujo en el esfuerzo por el surgimiento del individuo, por el derecho de todos a ser tratados por igual como un «yo», incluso el toro acosado y la liebre perseguida. En torno a 1900 se había establecido con cierta solidez en algunos sitios, una sociedad civilizada —basada en la individualidad y en la libertad, la igualdad y la fraternidad— e incluso tomando el mundo en su conjunto, los acontecimientos y la imaginación de los hombres, a pesar de las oscilaciones, parecían encaminados en la dirección de Montaigne, Erasmo, Voltaire y Tom Paine.

Nacido en 1880 y educado en una casa burguesa de Kensington y en el ambiente liberal derivado de la sensibilidad de mi padre, de su extremada minuciosidad moral y física, aprendí muy pronto a sentir en mi interior y a reconocer en los acontecimientos las diversas manifestaciones de esta civilización y de la contrarrevolución que todavía luchaba acerbamente contra ella. El ámbito de esta civilización se extendía desde la democracia política y social en un extremo hasta el humanitarismo y la Sociedad Protectora de Animales en el otro. Lo que significa —y lo que significaba— para mí, y cómo sus diversas manifestaciones están profundamente arraigadas en nuestras actitudes hacia la individualidad y los individuos, puede ilustrarse mejor con unos pocos ejemplos de grandes sucesos universales y algunas vivencias egocéntricas que me influenciaron o afectaron profundamente.

En primer lugar, un incidente que podría considerarse un recuerdo trivial y sentimental, pero que para mí tuvo gran importancia y me llevó de vuelta a Montaigne y a la naturaleza esencial de la civilización. Me ocurrió hace muchos años cuando era niño y todavía no había leído el pasaje de Montaigne que he citado antes. Mi perra tuvo cinco perritos y alguien decidió que solo podía quedarme con dos, por lo que debía deshacerme de tres. En esas circunstancias la costumbre ancestral era ahogar a los cachorros de un día en un cubo lleno de agua. Me dispuse a hacerlo. Si uno los mira sin más, los cachorros de un día son objetos o cosas pequeñas, ciegas y sin diferenciar. Metí uno de ellos en el cubo de agua y al instante ocurrió algo terrible y extraordinario. Aquel ser ciego y amorfo empezó a luchar desesperadamente por su vida, se debatió y golpeó el agua con las patas. De pronto comprendí que era un individuo, que igual que yo mismo era un «yo», que estaba luchando con la muerte y sufriendo en aquel cubo de agua lo mismo que sufriría yo si tuviese que combatir a la muerte y me estuviese ahogando en un mar turbulento. Sentí, igual que lo siento ahora, que era horrible e incivilizado ahogar a aquel «yo» en un cubo de agua.

Pasemos del cachorrillo ciego debatiéndose en el cubo de agua a los miles de hombres, mujeres y niños que luchan por su vida en las montañas de Asia Menor. En 1894 se produjo en el Imperio otomano una de esas matanzas intestinas salvajes y absurdas que son epidémicas entre los seres humanos. Los turcos y los kurdos, animados por el gobierno otomano, iniciaron el saqueo y la destrucción sistemáticos de los pueblos armenios y la matanza de sus habitantes. Los motivos eran religiosos, raciales y económicos..., lo que significa que eran absurdos, incivilizados e inhumanos. Matar a un hombre y a su mujer, violar a su hija y luego asesinarla porque rezan en una iglesia y no en una mezquita, porque hablan armenio en lugar de turco y porque son (o eso se cree) un poco más prósperos que tú, es absurdo y bárbaro, y los motivos expuestos son etiquetas que ocultan un lado más profundo y oscuro de la mente humana. El hombre que masacra a sus semejantes, solo puede hacerlo si considera a sus víctimas no individuos como él mismo, sino peones no humanos o cifras anónimas en un mundo inventado o de pesadilla habitado por amigos y enemigos, buenos y malos, en el que cree estar viviendo y que por tanto crea en su imaginación, a menos, claro, que sea sin más un sádico.

La campaña contra las matanzas en Armenia, igual que el movimiento antiesclavista de principios del siglo XIX, fue un ejemplo de un súbito movimiento de masas contra la barbarie. En Inglaterra lo encabezó Gladstone. Ese hombre extraño, jesuítico y apasionado tenía ochenta y cinco años y se había jubilado de la política, pero volvió de su retiro y en una serie de grandes discursos públicos denunció las matanzas y a quienes las instigaban diciendo que eran una deshonra para la civilización y exigió al gobierno de Disraeli que interviniera para ponerles fin. Yo tenía catorce años y fue mi primera experiencia política profunda. La campaña de Gladstone tuvo un efecto tremendo sobre todo tipo de gente, entre quienes se contaba la señora Cole, la directora del colegio al que iban mis hermanas y en cuyo jardín de infancia conocí por primera vez la vida escolar y los estremecimientos del sexo. La señora Cole era la apoteosis o la caricatura de la maestra victoriana, según el ángulo desde el que se la observase. Reinaba en el colegio y sobre todos los que estaban en él, incluido su marido, que parecía un príncipe consorte. Apropiadamente, y en mi opinión de manera deliberada, se parecía un poco a la reina Victoria. Era una mujer bajita y rolliza con el cabello negro y espeso peinado con raya al medio, muy tenso hacia atrás y recogido en un moño en la nuca. Siempre iba vestida de seda negra, pero en un sitio u otro llevaba una flor de color rosa. Se cubría la cabeza con una cofia negra con dos largas cintas negras muy anchas, incluso cuando estaba en casa. Era una mujer con una enorme vitalidad tanto física como mental y se pasaba el día pululando por el edificio, subiendo y bajando escaleras y entrando y saliendo de las aulas, con las dos cintas negras ondeando tras ella. Se dirigía a todo el mundo, incluidos los alumnos y su fofo marido, con un tono y unas palabras dulces y arrulladoras, pero debajo de su voz aterciopelada había una voluntad de hierro.

La señora Cole se obsesionó con los horrores y la barbarie de las matanzas de Armenia. Perseguía a sus amigos y conocidos como un remolino de seda negra y les imploraba que protestaran ante el gobierno británico para que pusiera fin a las matanzas, les suplicaba que donasen dinero al Fondo Armenio y calcetines de lana, medias y mitones a los hambrientos y helados supervivientes. Las terribles historias y la apasionada indignación de la señora Cole causaron un gran efecto sobre mí: creo que, por primera vez, comprendí o intuí vagamente las diferencias entre la civilización y la barbarie. Me parecía ver a los indefensos armenios acuchillados por las bayonetas de los soldados turcos y a las mujeres y a los niños huyendo y vagando bajo la ventisca. E, igual que me había ocurrido con el cachorrillo del cubo de agua, tuve la ambigua sensación de que todas y cada una de aquellas víctimas eran una persona como yo, un «yo».

En tercer lugar, al cachorrillo que se ahogaba en el cubo y a los armenios masacrados debo añadir la trágica figura del capitán Dreyfus. Ya he hablado en *Sowing* del caso Dreyfus como un acontecimiento clave de la historia de nuestro tiempo, un símbolo de la eterna lucha entre la barbarie y la civilización. Ahora me interesa el efecto revelador que ejerció sobre mí junto con el cachorrillo y los armenios. Si uno busca Dreyfus en la edición actual del famoso diccionario francés *Petit Larousse*, publicado unos setenta años después de que un consejo de guerra declarase culpable de espionaje al desconocido capitán Dreyfus y lo condenara a cadena perpetua, encontrará la siguiente entrada:

> Dreyfus (Alfred), oficial francés, nacido en Mulhouse (1859-1935), israelita, acusado y condenado injustamente por espionaje (1894), se le amnistió (1899) y rehabilitó (1906), tras una violenta campaña (1897-1899) viciada por pasiones políticas y religiosas. Sus adversarios se agrupaban en la liga de la patria francesa, sus partidarios en la de los derechos del hombre. El caso dividió a Francia en dos bandos.

Ese escueto párrafo explica con admirable precisión las líneas maestras del caso: destacan que Dreyfus era israelita, judío; que era inocente; que se le acusó y condenó por espionaje; que cinco años después se le amnistió y que siete años más tarde, tras una violenta campaña en favor de la revisión del caso, se le volvió a juzgar, se le consideró inocente y se le rehabilitó. El caso dividió a Francia en dos bandos, pues la batalla a favor y en contra de Dreyfus se libró de manera acerba entre, por un lado, el ejército, la Iglesia y los conservadores y, por el otro, los liberales y los radicales.

Pasó bastante tiempo hasta que quienes vivíamos fuera de Francia supimos del caso Dreyfus y reparamos en su importancia, por lo que mi segunda revelación no llegó de París hasta varios años después de las matanzas en Armenia. Un tiempo después de su condena en 1894, la gente aceptó el hecho de que habían condenado por espionaje a un oficial francés, pero en 1899, cuando se celebró el segundo consejo de guerra, ya nos habíamos convencido de la inocencia de Dreyfus y de que de su caso dependían el futuro de Francia y la civilización. En aquellos días nos parecía terrible que el enorme poder del Estado, el Ejército, la Iglesia católica romana y la prensa, concentrado en las manos de los ministros, los generales, los cardenales, los obispos y los redactores de los periódicos, se utilizara deliberadamente para ocultar y tergiversar la verdad a fin de garantizar la condena y el encarcelamiento de por vida de un hombre por un crimen que sabían que no había cometido. De vez en cuando en la historia alguna figura solitaria en una escena trágica se transfigura y se convierte en un símbolo de la inocencia o el pecado, de la compasión o la crueldad, de la victoria o la derrota, de la civilización o la barbarie. Los israelitas, hace tres o cuatro mil años, en su obsesiva preocupación por el pecado, inventaron una escena simbólica en la que el sacerdote

> pondrá ambas manos sobre la cabeza del macho cabrío vivo y confesará todas las iniquidades de los hijos de Israel, todas sus transgresiones y sus pecados; y se los echará en la cabeza al macho cabrío, y después lo enviará con un hombre al desierto. El macho cabrío se llevará consigo a una región deshabitada todas las iniquidades de los israelitas. Y el hombre lo soltará en el desierto.[4]

La más famosa de dichas escenas simbólicas tuvo lugar hace casi dos mil años en Jerusalén y está relacionada con la obsesión de los judíos por el pecado y con la de los cristianos y sus iglesias, que han heredado y desarrollado dicha obsesión. El hombre acusado ante Pilato y condenado a ser crucificado entre dos ladrones se transfigura en el hijo de Dios, el símbolo de la inocencia, la salvación y la civilización, mientras los bárbaros exclaman a gritos: «¡Crucificadlo! Caiga su sangre sobre nosotros y nuestros hijos».[5] Y, tal como indiqué en *Sowing*, la escena de la degradación —una especie de crucifixión— de Dreyfus adquirió el mismo tipo de importancia simbólica: llevan a Dreyfus a una enorme plaza donde esperan en formación destacamentos de todos los regimientos y el general le dice: «Alfred Dreyfus, eres indigno de portar armas. Te degrado en nombre del pueblo francés». Dreyfus alza los brazos y exclama: «¡Soldados, soy inocente! Están degradando a un hombre inocente. ¡Viva Francia! ¡Viva el ejército francés!»; un sargento arranca del uniforme de Dreyfus las insignias de su rango y rompe su espada mientras la multitud grita: «¡Matadlo, matadlo!».

Por todo eso Dreyfus ejerció en mí un efecto aún mayor que el cachorrillo que se ahogaba y los armenios masacrados. El caso era simbólico en dos sentidos, y asistir a la interminable y fluctuante lucha era doblemente angustioso. En primer lugar estaba en juego el principio impersonal y general de la justicia. La gente tiene sentimientos muy distintos sobre la justicia en sentido abstracto. Para muchos parece no significar nada o casi nada; otros —y yo me cuento entre ellos— están de acuerdo con quien quiera que dijese: *Fiat justitia, ruat caelum.*[6] Mi padre, tal como recordé en *Sowing*, consideraba que el profeta Miqueas había proporcionado una regla de conducta perfecta al decir: «Obra justamente y ama la clemencia».[7] Creo que yo también lo he opinado siempre. Obtengo una especie de placer estético en un caso complicado en el que se lleva a cabo una justicia perfecta, mientras que cualquier injusticia cometida con cualquiera me resulta extraordinariamente dolorosa y perturbadora. Una ley injusta o un error judicial me hieren y afectan como una cantidad equivocada o una discordancia, un mal poema, un mal cuadro, una mala sonata, la estupidez de los que se pasan de listos o la tergiversación de la verdad. En todos esos casos el dolor es impersonal, aunque no por eso resulta menos agudo. Pero en casos como el de Dreyfus hay un segundo elemento que lo llena a uno de horror y desesperación. No se trata solo de que esté en juego el principio impersonal de la justicia o la injusticia: Sócrates condenado a muerte en Atenas, Cristo crucificado en Jerusalén, Calas* condenado y torturado a muerte por la Iglesia en Francia, Dreyfus condenado en Rennes y torturado en la isla del Diablo, en todos esos casos una persona, un individuo, nos enfrenta al terrible grito simbólico y acusador, dirigido a Dios o al hombre, a la sociedad, a la civilización: «¡Dios mío! ¡Dios mío! ¿Por qué me has abandonado?». Dreyfus no era solo una unidad anónima entre otras unidades

---

* El caso de Calas, acusado injustamente por los católicos romanos de haber asesinado a su hijo para impedirle renunciar al protestantismo, fue en todos los aspectos el caso Dreyfus del siglo XVIII. En su apasionado alegato por el derecho del individuo a la justicia, Voltaire hizo exactamente lo que haría Zola ciento cuarenta años después, y al muerto Calas se le rehabilitó en 1765 igual que se rehabilitó al Dreyfus vivo en 1906. Voltaire hizo que el asesinato judicial de Calas sentara jurisprudencia para la civilización. Tal como señala Theodore Besterman en sus *Voltaire Essays*: «Su grito de indignación resonó en el mundo entero hasta triunfar. [...] Por primera vez y para siempre desde que Voltaire abriera sus brazos a la familia Calas [...] la justicia social ha estado a la defensiva, y lo seguirá estando mientras los hombres conserven el don de la indignación de Voltaire» (en mi opinión, la última frase del señor Besterman peca de excesivamente optimista).

anónimas, soldados, oficiales, capitanes y judíos: como yo, como el cachorro —y como Sócrates, Cristo y Calas—, era un «yo», un individuo, y una sociedad civilizada debe considerarlo como tal, igual que su inocencia o culpabilidad, su castigo y su sufrimiento; lo contrario equivale a negar la civilización.

Insisto en esto porque me parece esencial para comprender la diferencia entre el clima político de 1939 y el de 1914; explica también por qué la gente de mi generación veía con desesperanza el mundo que habían creado Stalin, Mussolini y Hitler, por qué tanta gente observó cómo llegaba inevitable la guerra y entró en ella con una extraña mezcla de tristeza, calma y resignación. Sabíamos que en Rusia, en Italia y en Alemania había cientos de Calas y miles de Dreyfus. El mundo había pasado a ver a las personas no como individuos, sino como peones, engranajes o marionetas en el proceso de silenciar sus temores o satisfacer sus odios. Ni siquiera el hombre, el más salvaje de los animales, era capaz de torturar y asesinar a gran escala a campesinos, compañeros de partido socialistas, capitalistas, judíos, gitanos, polacos y demás, si los consideraba individuos; era necesario considerarlos parte de una clase malvada y maligna: campesinos, desviacionistas socialistas, capitalistas, judíos, gitanos, polacos. El mundo estaba volviendo a caer, o había caído en la barbarie.

Personalmente es lo que sentí profunda y amargamente a lo largo de los dos años antes de que estallara la guerra. Se dio una horrible ambivalencia a propósito de la vergonzosa traición de Chamberlain a Checoslovaquia. Chamberlain siempre me pareció el más frío e incompetente y el menos comprensivo y compasivo de los hombres de Estado británicos que han administrado mal los asuntos del país en mi época. Pero cuando uno está al borde mismo del abismo y casi ha abandonado ya toda esperanza, si de pronto se produce un cambio en el calidoscopio de los acontecimientos que parece conducir a la paz y no a la guerra, es imposible no sentir el inmenso alivio y la liberación que se sienten al recibir un indulto, aun cuando uno intuya que los pasos que se han dado para evitar la confrontación son vergonzosos y están moral y políticamente equivocados. Sufrí esa ambivalencia durante la crisis de Munich porque, aunque la sensación de alivio fue extraordinaria, estaba convencido de que al abandonar Checoslovaquia en manos de Hitler no habíamos hecho más que posponer la guerra y que cuando llegase tendríamos que combatir en condiciones mucho más desfavorables que si contáramos con Checoslovaquia y Rusia como aliados.

Cuando estalló la crisis polaca presentí que se acercaba el final. Fuimos a pasar el verano a Monks House el 26 de julio, pero el 17 de agosto, justo diecisiete días antes de que entráramos en guerra, tuvimos que mudarnos de Tavistock Square a la casa que habíamos alquilado en Mecklenburgh Square, por lo que nos vimos obligados a ir y venir entre Rodmell y Londres. Lo que más recuerdo de aquellos días es la mezcla de pesimismo y resignación calmosa tanto en nuestro interior como en el exterior. La aparición de los sacos terreros, los hombres cavando trincheras, el hombre del camión de mudanzas que estaba trasladando nuestros muebles de Tavistock Square a Mecklenburgh Square y que, como ex soldado, recibió la orden de alistamiento («No podré venir mañana, señor...»), todo con esa tranquila, sorda, deprimida y resignada sensación de estar avanzando hacia la perdición.

Supongo que, desde el principio de la historia de la humanidad, los hombres y las mujeres, los individuos anónimos se han enfrentado a las grandes crisis y desastres, a los absurdos e inexorables resultados de la estupidez y el salvajismo comunales, con la misma resignación calmosa, adusta y fatalista de aquel hombre de las mudanzas y de todos nosotros en Rodmell y Londres en agosto y septiembre de 1939. Es un triste consuelo pensar que debió de ser casi igual que en Atenas en agosto y septiembre del año 480 a.C. Diez años antes, los horrores de la guerra y la invasión habían afligido a los atenienses y los ejércitos persas habían llegado a pocas millas de Atenas. Hubo que reclutar a todos los hombres en edad militar, diez mil soldados de infantería —«No podré venir mañana, señor»—, el ejército persa salió derrotado de la batalla de Maratón y así se puso fin a la guerra. Eso se correspondía con nuestra guerra de 1914-1918. Luego la flota y los ejércitos de Jerjes volvieron el año 480 a.C., igual que volvió Hitler en 1939. Nuevamente hubo que reclutar a todos los hombres en edad militar —«No podré venir mañana, señor»—. Los ejércitos persas lo arrasaron todo después de la caída de las Termópilas (igual que cayó Francia en 1940) y se hizo necesario evacuar a la población de Atenas a Salamis y otras islas, igual que hubo que evacuar a la población del East End londinense a Rodmell y otros pueblos en 1939. Todos los atenienses que tuviesen más de catorce o quince años en 490 a.C. debieron de recordar de forma vívida en 480 a.C. los horrores y terrores de la primera guerra e invasión. Los jóvenes nuevamente reclutados para el ejército y la armada griegas, los ancianos y las mujeres trasladados de El Pireo a Salamis eran todos individuos, como lo éramos nosotros en Londres mientras esperábamos los bombardeos. Y estoy convencido de que a todos y cada uno de ellos los embargaba la misma resignación deprimida que sentíamos Virginia y yo al viajar en coche a Londres o al ver una cuadrilla de obreros irlandeses excavar con increíble lentitud e indolencia un refugio antiaéreo en Mecklenburgh Square.

Cuando se declaró la guerra, el domingo 3 de septiembre, estábamos en Rodmell. Llegó la gente a la que habían evacuado de Bermondsey y les ayudamos a instalarse en los barracones apresuradamente preparados para ellos. Eran típicos londinenses y a casi todos les horrorizaron los barracones y les ofendió y enfureció que les pidieran que vivieran en ellos. Al cabo de una o dos semanas la mayoría de ellos hicieron las maletas y se fueron: preferían enfrentarse a las bombas de Hitler que vivir en un pueblo de Sussex. El primer extraño ataque aéreo de la guerra —fue, claro, una falsa alarma— se produjo en Rodmell un precioso día de otoño o de finales de verano. Creo que ocurrió justo antes o después del desayuno cuando salí al jardín que da a la vega que se extiende en dirección a Lewes y a las colinas. Reinaba un silencio absoluto: lucía un sol suave y quedaban todavía algunos jirones de niebla sobre los prados. Hay pocos sitios más hermosos en Inglaterra que el valle del Ouse entre Lewes y Newhaven, esa gran extensión de prados rodeados de colinas suaves y redondeadas. Las mañanas de verano en que no hace viento, el suave brillo del sol en los prados y las colinas, y de vez en cuando las estrechas cintas de niebla blanca que se posan sobre ellos proporcionan una extraordinaria impresión de calma intemporal, «el valle isla de Avalón» del rey Arturo, aunque nuestros prados difícilmente podrían describirse como un lugar

*donde no caen la lluvia, la nieve o el granizo
y donde nunca sopla rumoroso el viento.*[8]

Es curioso que el valle del Ouse esté tan visualmente ligado en mi imaginación a la paz y la belleza mientras oía por primera vez las sirenas de advertencia de ataque aéreo en 1939, pues los siguientes seis años, en cuanto acabó la guerra ilusoria y empezó la real, fue sobre esos pacíficos prados y sobre nuestras cabezas en el pueblo de Rodmell donde una y otra vez presencié las muchas extrañas fases de la batalla que se libraba en el aire. Tal vez sea este el mejor lugar para decir algo sobre cómo nos afectaron los combates aéreos en la campiña de Sussex.

La primera vez que vimos aviones alemanes fue muy extraña. La verdadera guerra aérea empezó para nosotros en agosto de 1940. El domingo 18 de agosto, Virginia y yo acabábamos de sentarnos a comer cuando oímos un terrible estruendo y llegamos justo a tiempo de ver dos aviones que pasaban a pocos pies del campanario de la iglesia, el jardín y el tejado y al mirarlos por la ventana vimos que llevaban dibujada la esvástica. Abrieron fuego, acertaron en una casa del pueblo y dispararon contra otra de Northease. Aquella primera experiencia bélica me sorprendió. Siempre había pensado que me asustaría estar bajo el fuego. Me alegró descubrir que los aviones alemanes que acababan de pasar sobre mi cabeza me habían dejado totalmente frío e impasible, pues todo el incidente parecía irreal y, de hecho, en los numerosos incidentes parecidos que presencié los años siguientes nunca me asusté ni vi a nadie que pareciera tener miedo. Aunque entre 1940 y 1945 debí de ver cientos de aviones alemanes y muchos arrojando bombas o combatiendo contra aviones ingleses, solo en aquella ocasión los vi o tuve pruebas palpables de que dispararan contra la gente o los edificios, aunque al principio de la guerra tuve una experiencia sobre el supuesto ametrallamiento por parte de un aviador alemán que me enseñó a no creer lo que se contaba sobre los «incidentes», ni siquiera cuando los relataban testigos presenciales. Vale la pena explicarlo aquí.

En aquellos días en los pueblos como Rodmell el periódico lo repartían hombres o muchachas en bicicleta. Había dos repartidores en Rodmell a los que conocía muy bien. Uno era un hombre a quien llamaré Tom y el otro una chica de unos diecisiete años a quien llamaré Mary. Un día reparé en que hacía semanas que no veía a Mary en su bicicleta y dos o tres días después me encontré a Tom en el pueblo. «¿Qué ha sido de Mary, Tom? —le pregunté—. Hace mucho que no la veo. ¿Sabes algo de ella?» «La ametralló un avión alemán, lo vi con mis propios ojos. Iba en bicicleta por Ringmer Road y Mary pedaleaba unas doscientas yardas por delante. De pronto un avión alemán hizo un picado, voló sobre nuestras cabezas a lo largo de la carretera y disparó una ráfaga contra Mary. Quedó malherida y todavía está en el hospital.» «He aquí —pensé— un claro ejemplo de "atrocidad" alemana brutal e insensible.» Unos tres meses después, me encontré a Mary paseando por una calle de Lewes. La felicité por su recuperación, pero en cuanto me habló descubrí que lo que me había contado Tom era totalmente falso. No había habido avión alemán ni ningún ametrallamiento y el incidente había sucedido, no en Ringmer, sino en la calle de Lewes donde estábamos hablando. Mary pasaba por delante de la tienda de la cooperativa cuando cayó una bomba en una casa que había unas yardas más adelante. La explosión rompió el escaparate de la tienda y Mary sufrió varios cortes por los fragmentos de cristal que salieron volando. Me cuesta mucho comprender los motivos que pudo tener Tom para inventar, como sin duda hizo, una historia totalmente falsa. Lo conocía bien y hablaba a menudo con él; una vez que cayó enfermo y tuvo que ir al hospital fui a verlo y pasamos casi media hora hablando de todo tipo de cosas. Nunca me dio la impresión de mentir o exagerar. Me inclino a pensar que cuando me contó que había visto cómo ametrallaban a Mary en Ringmer Road creía haberlo visto. Sin embargo, debió de enterarse de que ella se encontraba en el hospital de Lewes recuperándose de los cortes producidos por los cristales del escaparate de la cooperativa. «Hay fiebres del espíritu, igual que las hay del cuerpo», como observó la señora Gamp, y en tiempo de guerra afloran en la forma descabellada en que la gente inventa historias sobre lo que ha visto u oído.

Por volver a los bombardeos y a lo que sí ocurrió, en algún momento de 1940 unos aviones alemanes sobrevolaron Rodmell un día y Virginia y yo nos hallábamos en el jardín cuando oímos el silbido de las bombas en el aire y luego el sordo sonido de las explosiones cerca del río Ouse. Las bombas iban dirigidas contra la fábrica de cemento, pero fallaron; sin embargo, una o dos acertaron en la orilla del río. Dio la casualidad de que bajaba crecido y se desbordó por el hueco e inundó los campos. Luego, varios días después, la marea subió más de la cuenta, pues hacía mucho viento y la mayor parte de la orilla cedió. Todo el valle del Ouse se inundó y un gran lago se extendió desde mi jardín hasta Lewes al norte y casi hasta Newhaven por el sur. Habíamos vuelto a la situación de principios del siglo XIX antes de que se construyeran los márgenes del río. En aquellos tiempos, siempre que llovía mucho y había marea alta el valle entero quedaba bajo el agua.

Al principio de la guerra, me alisté en el servicio voluntario de bomberos. Mi deber era patrullar por turnos el pueblo de noche y ayudar a manejar una bomba de agua. La bomba era una preciosa máquina muy primitiva montada sobre un carro pequeño. Cuatro bomberos uncidos como caballos tiraban de él hasta el (supuesto) edificio en llamas contra el que esperábamos dirigir un chorro de agua con largas mangueras. Para entrenarnos arrastrábamos aquel extraño artilugio por la calle del pueblo y remojábamos una casa o una cabaña. Solo una vez nos llamaron en serio: a eso de las diez de la noche de un día de marzo de 1941, en el curso de una incursión aérea, un bombardero alemán soltó varias bombas incendiarias que no acertaron en el pueblo y cayeron en los campos que había más al sur. Una de ellas cayó sobre un montón de heno a unos cientos de yardas más allá de la última casa en la carretera de Newhaven. Nos apresuramos a acudir con la bomba de agua, pero el calor que desprendía el montón de heno era tan terrible que no pudimos ni acercarnos con nuestra manguera. Así que llamamos a los bomberos de Lewes que tenían una verdadera bomba, pero cuando llegaron se vieron tan impotentes como nosotros, pues para entonces el fuego había alcanzado a otros dos montones y ni siquiera los profesionales pudieron hacer nada. Era una imagen curiosa y típica del modo en que los habitantes de Sussex se enfrentaban a la batalla, el asesinato y la muerte súbita durante la Segunda Guerra Mundial. Aunque estábamos en pleno ataque aéreo, más de medio pueblo salió a ver cómo se quemaban los montones de heno. Dispersas por los campos se alzaban llamas allí donde se consumía la paja, y veinte o treinta hombres, mujeres y niños, los bomberos y los coches de bomberos estábamos en la carretera junto al tremendo resplandor del fuego. De pronto oímos el zumbido de un avión y un bombardero alemán pasó volando sobre nuestras cabezas. Creo que todos esperaban que cayese una bomba o dos, pero nadie hizo ademán de moverse. El avión se alejó y pocos minutos después oímos el estallido de las bombas en Newhaven. Los montones de heno se consumieron, el coche de bomberos regresó a Lewes y los vecinos del pueblo de Rodmell se fueron a la cama.

Unas cuantas noches después estaba patrullando por el pueblo a las tres de la mañana cuando sonó la sirena que nos avisaba de un ataque aéreo. Al cabo de un rato, un bombardero alemán sobrevoló el pueblo, y cuando se hallaba justo encima oí un terrible estruendo unas cien yardas más adelante. Corrí a aquel lugar, que era un enorme edificio en la parte más alta del pueblo. Aquel extraño inmueble lo había construido un especulador a mediados del siglo XIX para utilizarlo como almacén, cuando se creía que la línea férrea de Lewes a Newhaven, cuya construcción era inminente, pasaría por el pueblo. El especulador se equivocó, pues la línea férrea se tendió al otro lado del río. El almacén quedó vacío y abandonado muchos años, pero después de la guerra de 1914 lo reconvirtieron en apartamentos. Esperaba encontrarlo casi derruido, pero no vi que le ocurriera nada. Cuando estaba dando una vuelta en torno a él, apareció una cabeza en una ventana y una voz de mujer dijo: «No es nada, señor. El ruido lo ha hecho nuestro gato, saltó sobre una bañera de latón que había en lo alto de las escaleras, la volcó y ha caído dando tumbos al patio».

Otro incidente curioso sucedido en Rodmell. Virginia, su sobrina, otro joven y yo estábamos jugando a la petanca una tarde de verano. Me disponía a lanzar la bola cuando un avión pasó sobre nuestras cabezas y el joven me dijo: «¡Qué avión tan raro! ¿Qué modelo es?» Alcé la mirada y vi un avión de aspecto anticuado que volaba muy bajo. Estaba más interesado en mi jugada y dije sin pensarlo demasiado: «¡Oh!, debe de ser un Lysander.» Lancé la bola y en ese momento oí cómo se quebraban las hojas en el gran castaño que había al lado; comprendí que era el ruido de las balas. Volví a mirar el avión, que estaba sobrevolando lentamente el jardín y vi la esvástica dibujada en él. Las balas no procedían del avión, sino de una unidad antiaérea que había en una colina detrás del pueblo. Nos echamos sobre la hierba mientras las balas pasaban sobre nuestras cabezas. El avión dio otra vuelta y luego se dirigió muy despacio hacia los prados. Vimos cómo se estrellaba en un arroyo unas dos millas más allá. Luego supimos que el piloto alemán no era más que un muchacho; estaba llevando el correo en un avión antediluviano desde Francia a los alemanes de las islas del Canal. Se había perdido y había confundido Sussex con Jersey. Algunas balas acertaron en el avión pero él salió ileso.

Cuando la batalla de Inglaterra y los bombardeos de Londres empezaron en serio, presenciamos a diario en Rodmell los siniestros preliminares de la destrucción. Primero el gemido de las sirenas y luego el zumbido de los bombarderos alemanes que llegaban del mar, por lo general al este de Rodmell y Lewes. Los días despejados se distinguía a los alemanes en lo alto del cielo y a veces a los aviones británicos que salían a su encuentro al norte de Lewes. En el cielo del valle del Ouse se produjeron muy pocos combates porque los alemanes seguían una ruta más al este. Solo fui testigo de dos incidentes: vi derribar un Hurricane británico en un campo cerca del río y un avión alemán en los prados que hay cerca de Lewes. En el último caso percibí la irrealidad visual y —por qué no decirlo— la extraña belleza de la guerra moderna. De nuevo ocurrió una preciosa y soleada tarde estival sin una pizca de viento. Salí al césped que daba a los prados para ver lo que ocurría. De pronto llegó un avión alemán volando muy bajo sobre las lomas que hay en dirección a Lewes seguido de un caza británico. El caza le alcanzó y se oyeron unos disparos. De repente el avión alemán ascendió en línea recta, dio la vuelta describiendo lentamente un bucle y, mientras el avión británico pasaba como una flecha por debajo, se estrelló contra los prados. Una columna de humo se alzó totalmente recta en el cielo sin viento.

Cuando empezaron los bombardeos nocturnos de Londres seguíamos viviendo entre semana en Mecklenburgh Square; pero cuando la casa se volvió inhabitable por culpa de las bombas que caían en la plaza y en la calle de detrás, tuvimos que instalarnos en Rodmell. Nos encontrábamos en Mecklenburgh Square durante uno de los primeros ataques nocturnos, pero aunque bajamos a echar un vistazo no entramos en el refugio que habían construido en el centro de la plaza. Pensamos que era mejor morir, si ese era nuestro destino, en nuestras camas. Oímos mucho ruido, pero esa noche no cayó nada demasiado cerca. Yo quería ver a Kingsley Martin a propósito de no sé qué y a las diez de la mañana siguiente Virginia y yo fuimos a pie hasta la redacción del *New Statesman* en Great Turnstile, al sur de Holborn. No vimos indicios del bombardeo hasta que dimos la vuelta en Gray's

Inn para dirigirnos a Holborn. Era la primera vez que veíamos la desolación que sigue a un ataque aéreo. Luego, a medida que transcurría la guerra, casi llegamos a acostumbrarnos, pero la primera vez ejercía un extraño impacto. Lo primero en lo que reparamos fue en los cristales rotos de las ventanas que cubrían todo el camino hasta Holborn; luego notamos el silencio: no había nada de tráfico y apenas se veía gente por la calle; por último vimos los huecos en la fachada de la calle, donde faltaban edificios como cuando falta un diente en una boca. Olía a quemado. Bajamos por el estrecho callejón que lleva al edificio del *New Statesman*. Parecía hallarse totalmente vacío. Mi recuerdo es que estaba intacto pero inundado de agua. Fui al despacho de Kingsley y encontré a un hombre de pie con el sombrero en la mano que me dijo con voz quejumbrosa: «He venido a ver al señor Kingsley Martin.» Por su pinta y su tono de voz cualquiera habría dicho que yo era el responsable de aquella desolación y de la ausencia del señor Kingsley Martin. «Yo también —respondí—. Pero por lo visto no está aquí.» Me echó una mirada antipática y salió del despacho.

A finales de 1940, cuando nos instalamos de forma permanente en Rodmell, durante los bombardeos masivos de Londres, resultaba muy siniestro oír cada noche el zumbido de los aviones alemanes que volaban hacia la ciudad. En la hora u hora y pico de silencio que seguía después era horrible saber que estaban bombardeando e incendiando Londres. Luego el silencio se interrumpía por el zumbido de los aviones que regresaban. Recuerdo un extraño incidente relacionado con esos ataques nocturnos. A menudo, cuando los atacantes habían pasado en dirección a Londres daba la impresión de que un avión se quedara atrás dando vueltas y vueltas sobre el valle del Ouse hasta poco antes de que volvieran los demás, momento en que soltaba las bombas, al parecer en cualquier sitio sobre los prados o las colinas. Las curiosas maniobras de aquel lobo solitario siguieron un tiempo y luego se interrumpieron de pronto. Yo conocía a un albañil de Lewes que, durante la guerra, fue uno de los encargados de vigilar las alturas y llevar un registro de los aviones que pasaban por la sección del cielo que le habían encomendado. Un día me lo encontré poco después de que cesaran los ataques alemanes y le pregunté si habían reparado en aquel lobo solitario y si tenía alguna explicación para su curioso comportamiento. Me explicó que todos los vigías estaban convencidos de que el lobo solitario era un cobarde que se apartaba de su escuadrón para escapar a los terrores que le esperaban en Londres. Creían que su súbita desaparición se debía a que sus camaradas debían de haberlo «ejecutado»; probablemente lo hubieran derribado en el Canal una noche de regreso a sus bases.

Debo dejar ahora estas historias de la guerra y volver a nuestra vida diaria en 1939 y 1940. Los últimos meses de 1939 y los primeros de 1940 dividimos nuestro tiempo entre Mecklenburgh Square y Monks House. Virginia estaba trabajando mucho, de hecho demasiado. Había empezado tanto *Roger Fry* como *Entre actos* en la primera mitad de 1938 y siguió escribiéndolos en 1939. Disfrutaba escribiendo *Entre actos*, pero la vida de Roger Fry acabó siendo una carga para ella. Era un libro que en mi opinión no debería haber escrito, pero Margery Fry insistió tanto que acabó persuadiéndola. La presentación ordenada de la realidad impone implacablemente su férreo patrón sobre el escritor que trata de discernirla y describirla en el infinito calidoscopio de los hechos y no casaba bien con el método ni con la imaginación de Virginia. Cuatro veces a lo largo de su vida se obligó a escribir un libro contra sus inclinaciones artísticas y psicológicas y las cuatro el resultado fue malo para el libro y doblemente peor para ella. Se decía a sí misma que había escrito *Noche y día* como una especie de ejercicio; tenía en mente una especie de *El cuarto de Jacob*, una novela que rompería el molde tradicional de la novela inglesa, que tendría una forma y un método nuevo, porque intuía que la forma y el método tradicionales no le permitían decir lo que quería. Antes de romper el molde pensó que debía demostrar que sabía escribir una novela al estilo clásico y ajustada a los esquemas tradicionales.

La segunda ocasión fue *Los años*. En 1932, después de *Orlando* y *Flush*, decidió escribir una «novela familiar», una forma de ficción muy popular en la época. Cuando empezó a escribirla en 1932 con el título *Los Pargiter* (que confirmaba que se trataba de una novela familiar) escribió en su diario:

> Será una novela-ensayo, titulada *Los Pargiter*, y lo abarcará todo: el sexo, la educación, la vida, etcétera.

y añadió:

> Lo que ha ocurrido, claro, es que después de privar de los hechos a la novela todos estos años (desde 1919, pues está claro que *Noche y día* es una obra caduca), disfruto, para variar, infinitamente de ellos, y además cuento con cantidades inagotables; de vez en cuando siento la tentación de la visión, pero me resisto. Estoy segura de que este es el verdadero camino después

de *Las olas*: *Los Pargiter*, que me llevará a la fase siguiente: la novela-ensayo.

Había otra cosa que tal vez influyera hasta cierto punto en su decisión de escribir una «novela de hechos». Era extremadamente sensible a las críticas y una de las cosas que más le habían reprochado como novelista era que no sabía crear personajes reales ni describir la realidad de la vida diaria. Creo que en 1932, cuando empezó *Los años*, le rondaba por la cabeza el deseo o la determinación de demostrar que los críticos se equivocaban.

La tercera ocasión fue la biografía de Roger Fry, que empezó a escribir más de un lustro después de iniciar *Los años*. Al ser una biografía, estaba mucho más relacionada y sometida a los hechos que una novela, pues trataba de hechos y no de ficciones. La primera vez que lo leí me pareció un libro fallido, y tal como escribió Virginia en su *Diario de una escritora* el 20 de marzo de 1940, traté de exponerle mi opinión —aunque sin duda con excesivo apasionamiento— mientras paseábamos por los prados. Como en todas sus obras, había cosas que solo podría haber escrito ella y que eran muy buenas, pero las dos partes del libro no acababan de encajar desde el punto de vista artístico y además había permitido que los hechos la controlaran de manera demasiado compulsiva, por lo que el libro parecía ligeramente inconexo y no llegaba a levantar el vuelo. Margey, la hermana de Roger, Vanessa y sus amigos y parientes no estuvieron de acuerdo conmigo, pero sigo pensando que tenía razón. Hay algo que no acaba de funcionar en *Roger Fry*. La propia Virginia, en el pasaje de su diario citado antes, había dicho que *Noche y día* era una obra caduca y en su tercer libro consagrado a los hechos, *Los años*, volvemos a encontrar algo radicalmente caduco. La novela «factual» escapó a su control y el libro le quedó demasiado largo y deslavazado. He contado en *Downhill All the Way* lo mal que lo pasamos cuando, terminada *Los años*, Virginia tuvo que enfrentarse a las galeradas. Quiso volver a hacerse con el control de los hechos y la novela, así como eliminar su excesiva longitud y deshilvanamiento, llevando a cabo cortes drásticos, pero la operación no tuvo éxito, el lecho de Procusto no pudo convertir el libro en una obra de arte; es una crónica psicológica y familiar más que una historia y, al igual que *Noche y día* y *Roger Fry*, fue un libro caduco incluso antes de ver la luz.

Virginia era una intelectual en todos los sentidos de la palabra; poseía la inteligencia sólida, lógica y práctica característica de sus parientes masculinos por el lado Stephen de la familia: su abuelo, James Stephen, del Ministerio de las Colonias; su padre, el autor de *History of English Thought in the 18th Century* y de *Hours in a Library*; su tío, James Fitzjames, el juez del Tribunal Supremo; y su hermano Thoby. No es que no supiera manejar los hechos o poseyera esa debilidad en la inducción y la deducción que los hombres, sin demasiadas pruebas, consideran a menudo típicamente femenina. Sus reseñas, igual que sus libros factuales, así lo demuestran. Pero solo sabía manejar los hechos y argumentos en la escala de un libro entero cuando escribía contra su naturaleza, reprimiendo algo que era natural y necesario para su genio característico, y lo demuestra en el pasaje antes citado cuando escribe: «De vez en cuando siento la tentación de la visión, pero me resisto». El resultado es cierta farragosidad y caducidad muy diferentes de la intensidad mercurial de las novelas en que no oponía resistencia a la tentación de la visión. Aún es más fácil apreciar la diferencia si se comparan *Una habitación propia* y *Tres guineas*, el cuarto de sus libros factuales. En *Una habitación propia* no se eluden los hechos ni los argumentos, pero están sometidos e iluminados por la visión y el libro titila de vida; *Tres guineas*, en cambio, está oprimido por el peso de los hechos y los argumentos.

En todos esos casos obligarse a escribir contra sus inclinaciones y oponerse a su propio genio añadió tensión mental y física a la propia escritura del libro, al cansancio y a la depresión que casi siempre la abrumaban cuando cortaba el cordón umbilical y enviaba el manuscrito a la imprenta. El ejemplo más desesperante ocurrió entre la escritura y la impresión de *Los años*. No cabe duda de que la biografía de Roger la agotó del mismo modo. Finalmente acabó el libro (al final casi siempre acababa sus libros) el 9 de abril y por fin se desembarazó de él cuando envió las galeradas revisadas a los editores el 13 de mayo. Pero había sido demoledor en muchos sentidos. Dijo que había «escrito cada página —y desde luego la última— diez o quince veces». Al principio, con el alivio de haberse quitado el libro de encima y volver a la ficción y la visión en *Entre actos*, pareció menos preocupada y más optimista de lo que acostumbraba cuando uno de sus libros estaba a punto de publicarse.

El cordón umbilical que había ligado *Roger Fry* al cerebro de Virginia durante dos años se cortó por fin, como he dicho, cuando envió la galeradas a los editores el 13 de mayo de 1940; trescientos diecinueve días después, el 28 de marzo de 1941 se suicidó ahogándose en el río Ouse. Esos trescientos diecinueve días de lenta y al mismo tiempo precipitada catástrofe fueron los más terribles y angustiosos de mi vida. El mundo de mi vida privada, de la historia de Inglaterra y de los ladrillos y el cemento de Londres se desintegró. Sacarlos de mi memoria, como debo hacer si quiero seguir recordando, es difícil y penoso. El recuerdo a regañadientes de aquel dolor prolongado me resulta particularmente doloroso. La conmoción en el momento de la catástrofe, el estímulo de tener que actuar día a día, hora a hora, minuto a minuto, constituyen un inefable analgésico para la tristeza. Siempre me ha sorprendido descubrir cómo olvidamos enseguida el dolor más agudo si nos concentramos en cualquier otra cosa, aunque sea una trivialidad. Mientras cruzamos una calle abarrotada de Londres, la tortura de un dolor de muelas o de unos amores traicionados se borra por completo. Pero no hay distracciones ni alivios cuando recordamos nuestra tristeza.

La pérdida de control de Virginia sobre su mente, la depresión y desesperación que concluyeron con su muerte, empezaron solo un mes o dos antes de su suicidio. Aunque las tensiones y presiones de la vida en Londres y en Sussex en los ocho meses entre abril de 1940 y enero de 1941 fueron para ella, igual que para todos los que vivían en aquel lugar atormentado, terribles, estaba más feliz y disfrutaba de más paz de espíritu de lo habitual. La entrada del 13 de mayo en su diario, ya publicada en *Diario de una escritora*, retrata el ambiente de aquellos violentos días y la ambivalencia de su ánimo y su imaginación de un modo tan vívido que no me resisto a citarla aquí:

> Admito cierta felicidad, cierta sensación de pasar página y la paz que la acompaña, al echar hoy al correo las galeradas. Lo admito, porque estamos en el tercer día de «la mayor batalla de la

historia». Empezó (aquí), mientras dormía, con el anuncio por radio a las ocho en punto de la invasión de Bélgica y Holanda. El tercer día de la batalla de Waterloo. Las flores del manzano caían como nieve en el jardín. Un cuenco hundido en el estanque. Churchill exhortando a todo el mundo a resistir juntos. «No puedo ofreceros más que sangre, sudor y lágrimas.» Estas formas informes siguen circulando. No tienen sustancia, pero hacen que todo parezca insignificante. Duncan ha presenciado una batalla aérea sobre Charleston: un lápiz plateado y una voluta de humo. Percy ha visto a los heridos regresar con las botas puestas. Y así mi momento de paz se convierte en un enorme abismo. Pero aunque L. diga que tiene gasolina en el garaje para suicidarse si Hitler venciera, seguimos adelante. Lo que lo hace posible es la vastedad y la pequeñez. Así de intensos son mis sentimientos (por *Roger*); sin embargo, la circunferencia (la guerra) parece trazar un cerco en torno a ellos. No, no soporto la extraña incongruencia de sentir intensamente y al mismo tiempo saber que dicho sentimiento carece de importancia. Aunque a veces me pregunto si no será más importante que nunca. He preparado unos bollos para comer con el té: un indicio de que mi sometimiento a las galeradas ha concluido.

Unos días más tarde, cuando hubo un llamamiento para alistarse en la Guardia Nacional «contra los paracaidistas» dije que me gustaría alistarme y tuvimos «una agria conversación» porque Virginia, aunque veía que «me aliviaba tener la oportunidad de hacer algo», se oponía porque opinaba que las «armas y el uniforme me quedarían un poco ridículos». Reconoció que sus nervios estaban bajo mucha tensión por tanta incertidumbre. Pero volvimos a hablar con calma de lo que haríamos si Hitler desembarcaba. Sabíamos que lo menos que podía esperar, siendo judío, era que me «diesen una paliza». Acordamos que, si llegaba el momento, no valía la pena esperar: nos encerraríamos en el garaje y nos suicidaríamos. «No —escribió Virginia—, no quiero acabar en el garaje. Quisiera vivir otros diez años y escribir el libro que, como de costumbre, me bulle en la cabeza. [...] ¿Por qué soy tan optimista? ¿O más bien no soy lo contrario? Porque la guerra no son más que bravatas. Una ancianita poniéndose el sombrero es más real. Así que si hay que morir, será un final aburrido y vulgar, no comparable a un paseo y una lectura nocturna junto al fuego. [...] De todos modos, esta intensidad no puede durar, o eso creemos, más de diez días. Qué libro tan funesto este. Todavía unas páginas vacías..., ¿y qué escribiré en las diez siguientes?»

Lo que escribió fue más o menos lo mismo que habría escrito cualquiera que llevara un diario los diez días de una gran catástrofe de la historia, y de la muerte y la destrucción de la civilización. Los diez días en que el cielo y la civilización, el país donde había nacido, crecido y vivido, su vida privada y su cuenta bancaria, se estuviesen desplomando sobre su cabeza, en que considerase el suicidio por asfixia en un garaje sucio y húmedo después del desayuno, y aun así siguiera cocinando y comiendo huevos con beicon para desayunar. Estoy seguro de que es lo que hacían los griegos en Tebas y Atenas hace dos mil treinta y cuatro años cuando Alejandro Magno y sus ejércitos estaban destruyendo la civilización de Homero, Píndaro, Sófocles y Platón y todas las casas excepto una en la ciudad de Tebas: es típico de uno de los grandes conquistadores, los destructores de la civilización, las plagas inhumanas de la historia humana que Alejandro

*El gran conquistador Emacio respetara
la casa de Píndaro cuando templos y torres
se derrumbaban*[9]

y vendiera a todos los habitantes como esclavos. Debió de ser lo mismo cuando, hace mil quinientos cincuenta y ocho años en Roma, los romanos estaban comiendo el equivalente de nuestros huevos con beicon y Alarico el godo estaba a punto de tomar y saquear su ciudad. Debió de pasar lo mismo con los millones de víctimas de Gengis Kan y de los turcos cuando en 1453 cayó Constantinopla, y con los tambores y el desfilar de todos los conquistadores desde los egipcios y los sumerios hasta el propio Hitler.

Moore y Desmond MacCarthy fueron a vernos y se quedaron con nosotros el fin de semana del 18 de mayo. Fue la última vez que vi a Moore. Tanto Desmond como Moore, el uno hablando y hablando, el otro callado en su sillón, formaban inextricablemente parte de mi juventud, de la emoción de sentir cómo se diseccionaba la vida ante mí. Podía cerrar los ojos y pensar que estaba en 1903 en las habitaciones de Moore en los claustros del Trinity o en las lecturas de las tabernas Lizard o Hunters. Cuando abría los ojos todos éramos mayores. Se ve que nunca he crecido o tal vez sea que nací viejo, porque siempre me ha costado mucho esfuerzo sentirme mayor. Mi «yo», esa partícula indestructible, como no sea por la muerte, que respondió a la partícula del cachorrillo que se ahogaba, me parece exactamente la misma que la del niño de Lexham Gardens, el universitario en las habitaciones de Moore en el Trinity, el hombre de mediana edad de 1940 e incluso el viejo que escribe sus memorias. Es fácil sentir cómo se le anquilosan a uno las rodillas, y no notarlo en el corazón y el cerebro es, por supuesto, solo una ilusión.

Moore había envejecido. Seguía teniendo aquella extraordinaria pureza y belleza de su espíritu y su personalidad, esa extraña mezcla de inocencia y sabiduría. La pureza, moral e intelectual, era una de las cualidades más notables de Moore: no he vuelto a encontrarla en ninguna persona. Era como si Sócrates, Aristóteles y el Necio Casto —el Reine Tor,[10] ¿no?— se hubiesen mezclado inextricablemente en el mismo cuerpo y el mismo espíritu. Bertrand Russell en el segundo volumen de su *Autobiografía* escribe acerca de Wittgenstein, el otro filósofo de Cambridge: «Era tal vez el ejemplo más perfecto de genio tal como se concibe tradicionalmente, apasionado, profundo, intenso y dominante. Tenía una especie de pureza que no he visto en nadie más, salvo tal vez en G. E. Moore». Wittgenstein tenía una vena de crueldad agresiva: una vez que se alojaba en casa de Maynard lo vi atacar con tanta brutalidad a Lydia Keynes en el almuerzo que ella se echó a llorar. Moore poseía esa misma pasión, profundidad, intensidad y pureza, pero parecía carecer totalmente de crueldad y agresividad. La edad había embotado su pasión y suavizado su intensidad. Había borrado en parte la belleza de su rostro. Poco antes de su visita me contó que había sufrido un extraño y alarmante desvanecimiento que había dejado impronta en él. Pero, a los sesenta y siete años en Rodmell, la luminosa pureza de su mente y de su espíritu seguía estando allí igual que cuarenta años antes cuando lo vi por primera vez en Trinity.

La edad también había dejado su huella en Desmond; tanto su rostro como su inteligencia habían sufrido los embates del tiempo. El asma y el desgaste de las incesantes pequeñas preocupaciones de la vida lo habían apagado y deprimido un poco, pero de vez en cuando la memoria, que podía convertirlo en un artista, y su divertida devoción y afecto por Moore, lo inspiraban de tal modo que los años se borraban y uno volvía a disfrutar de todo el encanto de su personalidad y conversación.

Moore, Desmond, Virginia y yo nos sentamos en la casa y en el jardín bajo un sol cálido y un cielo luminoso en mayo de 1940 en un círculo de amistad y recuerdos nostálgicos. Y al mismo tiempo todo el fin de semana estuvo dominado por la sensación de que nuestro pequeño mundo privado estaba amenazado por la destrucción, por una catástrofe universal que se estaba iniciando en Francia al otro lado del Canal. Era, claro, una semana antes de la capitulación de los belgas, pero la ofensiva alemana llevaba en marcha diez días, se palpaba la tensión y los recuerdos de la derrota en los primeros y terribles años de la guerra de 1914 inspiraban inevitablemente una premonición del desastre, de modo que la esperanza parecía una engañosa complacencia. Los inquietantes presagios de aquellos días los simboliza para mí un extraño y triste incidente que siempre acude a mi memoria al pensar en ellos. En esa época vivía en Rodmell un obrero a quien llamaré el señor X. Yo conocía muy bien a su familia. El hijo pequeño, que tenía unos ocho o nueve años, había sufrido una lesión al nacer y era completamente «retrasado». No sabía hablar, ni alimentarse y apenas podía andar. Como ocurre a menudo en esos casos, su madre lo adoraba y había consagrado su vida a cuidar de él, lo que de hecho requería una dedicación absoluta. Unos años antes el hijo mayor había venido a verme y me había pedido que tratase de convencer a la señora X de que enviara al chico a un hogar para niños retrasados, pues tanto él como el resto de la familia opinaban que la madre estaba arruinando su salud al enclaustrarse con el niño. Habían tratado de discutirlo con ella, pero se había negado a escucharlos y el muchacho pensaba que tal vez querría escucharme a mí. Lo hizo, pero lo que le dije cayó en saco roto.

Al hijo mayor, Percy, lo llamaron a filas en 1940 y una tarde vino a verme. Me contó que su regimiento iba a partir para Francia al cabo de uno o dos días y estaba muy preocupado por su madre, cuya devoción por el niño estaba minando su salud y su felicidad. Se embarcaría para Francia mucho más tranquilo si yo volvía a intentar convencerla de que lo enviara a una institución. Esta vez tuve éxito y fui a ver al oficial médico, que ya estaba al tanto del caso, y le pedí que se encargara de todo. Así lo hizo y al principio todo fue bien, pero al cabo de dos semanas la señora X vino a verme y me dijo que el niño estaba famélico, que había sufrido maltratos y había enfermado y que querían volver a llevárselo a casa. Después, el señor y la señora X se presentaron una mañana en mi jardín vestidos de domingo. Habían pedido un taxi y me preguntaron si podía acompañarlos a ver al oficial médico y exigirle que les devolvieran al niño.

Siguieron unas horas muy penosas. Acepté ir a ver al oficial médico con la condición de que me dejasen hablar a mí y no empezasen a insultarle a él o a la institución por hacer pasar hambre al crío. Lo prometieron, pero a los cinco minutos de pasar a la consulta del oficial médico, la señora X empezó a acusarlo a él, a la institución y a las enfermeras de las cosas más descabelladas. El oficial médico se comportó de forma admirable: telefoneó al hogar para niños retrasados y lo dispuso todo para que fuésemos allí de inmediato y nos entregaran al niño. No creo haber hecho un viaje más desagradable en toda mi vida que la ida y vuelta en el taxi con los desdichados padres. Nos entregaron al chico envuelto en mantas. Era evidente que estaba enfermo y una semana o diez días después falleció. Se llevó a cabo una investigación en la que la señora X repitió sus acusaciones contra las enfermeras y las personas relacionadas con la institución, pero el veredicto fue muerte por causas naturales.

Esa clase de tragedias, en esencia terribles, pero en detalle a menudo grotescas e incluso ridículas, no son raras en los pueblos. En aquella época me causó un fuerte y extraño impacto; de un modo u otro parecía encajar sardónicamente con la amenaza de destrucción que se cernía sobre el mundo público y privado. La apasionada devoción de las madres por los hijos retrasados, que había sido la clave de aquel conmovedor incidente, siempre me ha parecido un fenómeno extraño y perturbador. Puedo compadecerme y entender el atractivo que ejercen la vulnerabilidad y la indefensión de un animal muy joven; lo he sentido en el caso de crías de perro, gato, leopardo e incluso en el mucho menos atractivo y salvaje bebé humano. En todos esos casos, aparte del atractivo de la vulnerabilidad, está el atractivo de la belleza física: siempre recuerdo la extraordinaria belleza de la cría de leopardo que tuve en Ceilán, tan joven que las patas le temblaban un poco cuando empezaba a retozar por la veranda y al que no obstante se le notaba ya la fuerza de los músculos por debajo del precioso y lustroso pelaje. Pero hay algo horrible y repulsivo en la babeante imbecilidad de un ser humano. ¿Se deberá esa exagerada devoción de la madre por su hijo que casi siempre parece mayor que la que siente por sus hijos normales y atractivos a un inconsciente sentimiento de culpa y al deseo de justificarse a sí misma y a su hijo? Es raro que en dos ocasiones me hayan pedido que intervenga en un asunto de esta naturaleza. Una vez tuve una secretaria que vino a verme y me pidió que hablara con su hermana, igual que Percy me había pedido que hiciese con su madre. La hermana tenía un empleo muy bien pagado en uno de los grandes almacenes de Oxford Street. Su hijo era retrasado y, al igual que la señora X, ella le dedicaba toda su vida doméstica. El muchacho había cumplido quince años, era fuerte y de vez en cuando se ponía violento. La mujer se negaba a enviarlo a un hogar para niños retrasados y yo tuve que tratar de convencerla. No lo conseguí, aunque en este caso el comportamiento del niño llegó a ser tan preocupante que su madre no pudo seguir teniéndolo en casa.

Nuestra vida diaria en mayo y junio de 1940, antes de que empezara el bombardeo de Londres, se había convertido en una rutina. Virginia, después de librarse de *Roger Fry* se dedicó a escribir *Entre actos* o *Pointz Hall*, como seguía llamándolo todavía. Le iba bien y en general estaba bastante satisfecha con él. El 31 de mayo empezó a vislumbrar el final, pues había escrito ya el pasaje sobre «recortes, restos y fragmentos» que en la edición impresa está a solo treinta y cinco páginas del final. A fin de que disfrutase de la mayor tranquilidad posible para escribir la novela, dividimos nuestro tiempo entre Rodmell y Londres. Cada dos semanas íbamos a Mecklenburgh Square y nos quedábamos allí cuatro días. Eso le daba a Virginia diez días de cada catorce para escribir ininterrumpidamente en Rodmell. Los cuatro días de Londres los pasábamos siempre muy azacanados. Mi principal preocupación era Hogarth Press. John Lehmann había entrado en la editorial como socio y era, a todos los efectos, el director gerente. Corrían malos tiempos para la editorial y la situación empeoró aún más cuando empezaron los bombardeos. Para aliviar la tensión de los empleados los fuimos invitando uno por uno a pasar un fin de semana con nosotros en Rodmell. En los cuatro días que me instalaba en Mecklenburgh Square cada dos semanas, además de las horas que pasaba con John dedicados a Hogarth Press, asistía en la Cámara de los Comunes a la Comisión Consultiva del Partido Laborista, de la que seguía siendo secretario, y a la Sociedad Fabiana, donde aún era miembro del Comité Ejecutivo y portavoz del Gabinete Internacional. También nos dedicábamos a hacer toda la vida social posible e invitábamos a muchos amigos a cenar. Por ejemplo, en las dos visitas a Londres del 21-24 de mayo y el 4-7 de junio vimos a T. S. Eliot, a Koteliansky, a William Plomer, a Sybil Colefax, a Morgan Forster, a Raymond Mortimer, a Stephen Spender, a Kingsley Martin, a Rose Macaulay y a Willie Robson.

En esos días flotaba en el ambiente una ominosa y amenazadora falta de realidad, uno tenía la sensación de estar viviendo una pesadilla y de estar a punto de despertar de aquella horrible irrealidad para sumirse en una realidad mucho más horrorosa. Durante los meses de la guerra ilusoria, cuando todo parecía inexplicablemente aplazado de momento, reinaba esa constante falta de realidad y la impresión de que estaba a punto de producirse un desastre, pero la sensación se hizo aún mayor durante las cinco semanas transcurridas entre la invasión de Bélgica y Holanda por parte de Hitler y el hundimiento de Francia. Se instaló un clima de callado fatalismo, de estar esperando lo inevitable y su halo todavía perdura en el retrato de los días en Londres que hace Virginia en su diario. Por ejemplo, la primera semana de junio, mientras se libraba en Francia la gran batalla, Virginia y yo estuvimos charlando después de cenar hasta las dos y media de la mañana con Rose Macaulay y Kingsley Martin. Kingsley, «extendiendo su pesimismo negro como el carbón», profetizó la derrota de los franceses y la invasión de Gran Bretaña en menos de cinco semanas. Empezaría a operar la Quinta Columna; el gobierno se trasladaría a Canadá y nos dejaría bajo un procónsul alemán ante la alternativa del campo de concentración o el suicidio. Discutimos la cuestión del suicidio mientras la luz eléctrica se iba volviendo cada vez más tenue hasta que nos dejó por fin en total oscuridad.

Luego se produjo el hundimiento de Francia y la retirada de los británicos a Dunkerque. En Rodmell, Dunkerque se vivió de forma angustiosa. No solo por la catástrofe pública y la terrible tensión de ver a Gran Bretaña al borde del desastre más absoluto, sino porque en Rodmell estábamos en las mismas playas. Sabíamos que, en ese mismo instante, Percy, que había venido a verme por lo de su madre unos días antes, Jim, Dick y Chris, a quienes había conocido cuando eran niños en la escuela del pueblo y a los que había visto crecer y convertirse en granjeros y conducir un tractor, estaban retirándose como los dos granaderos de las guerras napoleónicas hacia las playas de Dunkerque. Se suponía que estarían esperando allí igual que nosotros esperábamos en Rodmell. El 17 de junio Percy volvió al pueblo; su historia era la historia del soldado que se ha contado una y otra vez, con infinitas variaciones, desde que Otelo «hablara [...] de cómo había escapado por un pelo a una muerte inminente»[11] y resultaba doblemente conmovedora porque Percy seguía muy impresionado por sus vivencias, que todavía eran terriblemente vívidas, y le aliviaba poder contarlas con todo detalle. Describía la retirada por Bélgica; a la mujer belga que le había dado un poco de pan («Ninguna francesa lo habría hecho, los franceses no saben más que parlotear y salir corriendo asustados»); una joyería abandonada que saquearon, él se había llevado unos anillos y dos relojes, los anillos se le habían caído al mar en Dunkerque, pero los relojes los llevaba en el bolsillo de la guerrera y pudo llevarlos consigo a Inglaterra; los aviones alemanes que los hostigaban incesantemente en las playas («Las balas me habían dejado el capote lleno de agujeros de polilla»); no había aviones británicos; una vez que tuvieron que pasar junto a un nido de ametralladoras, el oficial les hizo descalzarse y arrastrarse y luego volvió y le lanzó una granada; vio a su primo muerto en la playa, y también a otro chico de Rodmell que vivía en la calle principal; en la playa un hombre le había enseñado un pañuelo de seda que había comprado para «su chica» y mientras se lo mostraba cayó una bomba y lo mató. Percy aún conserva aquel pañuelo. Se las había arreglado para llegar a nado a un bote, *The Linnet*, y cuando se acercaba le gritaron: «¿Oye, muchacho, sabes remar?», y, al decirles que sí, lo subieron a bordo. Tuvieron que remar más de cinco horas hasta llegar a la costa de Inglaterra y cuando desembarcaron estaban tan extenuados que no sabían ni preguntaron dónde se hallaban ni si era de día o de noche. Luego resultó que habían llegado a Ramsgate, alguien le acercó a la carretera de Eastbourne y estuvo andando toda la noche hasta llegar a casa de su hermana en Rodmell. Esa mañana ella se asomó a la ventana de la cocina y vio a un soldado, a quien al principio no reconoció, con la cabeza descubierta, la guerrera ensangrentada y llena de agujeros y las botas destrozadas, que yacía exhausto ante la puerta. Su moral estaba por los suelos; pensaba que nos habían derrotado y que no teníamos armas ni aviones, no obstante, pronto se recuperó, volvió a su regimiento y combatió hasta el final de la guerra, formó parte del ejército de ocupación en Alemania y se casó con una chica de Hamburgo muy simpática.

El viernes 14 de junio los alemanes tomaron París y nosotros pasamos el día de manera incongruente —o, visto de otro modo, de manera muy apropiada teniendo en cuenta el giro catastrófico que estaba dando la historia al otro lado del Canal—, pues fuimos de excursión del presente al pasado. Virginia nunca había estado en Penshurst, la magnífica mansión isabelina de Kent que lleva en manos de la familia Sidney desde la época del romántico sir Philip Sidney, que escribió *Arcadia* y murió en la batalla de Zutphen en Holanda hace casi cuatrocientos años. Varias veces habíamos estado a punto de hacer una excursión con Vita Sackville-West para ver la casa el día que estaba abierta al público. Y es lo que hicimos aquel viernes 14 de junio. Penshurst es un epítome de la historia inglesa, con su enorme salón para banquetes y la enorme confusión de cuadros, muebles y utensilios varios —algunos hermosos, pero muchos terriblemente feos— que las grandes familias aristocráticas acumulan en sus castillos y mansiones a lo largo de los siglos. Fue divertido visitar Penshurst con Vita, que tenía la sangre de todos aquellos propietarios de castillos isabelinos —incluidos probablemente los Sidney— en sus venas y daba siempre la impresión de poseer uno o dos castillos propios. Recorrimos las estancias y admiramos las curiosidades, que sin duda vale la pena ver, pero me fui con la deprimente sensación de haber pasado por siglos de historia momificados o conservados de forma más moderna mediante la congelación.

Cuando salimos del inmenso salón de banquetes, Vita dijo que debía pasar a saludar al dueño de Penshurst, lord de L'Isle y Dudley, pues si se enteraba de que había estado en Penshurst sin ir a verle no se lo perdonaría. Llamó al timbre y la hicieron pasar por la puerta principal de una especie de chalet anexo a la gran mansión. Al cabo de unos minutos, salió y nos dijo que lord de L'Isle insistía en que entráramos también. Pocas veces he visto algo tan extraño e incongruente como el heredero de los Sidney en su casa solariega. Era un caballero anciano, obviamente de mala salud, y estaba sentado en un feo saloncito. Puede que mi escala de valores estuviera distorsionada después de contemplar todos los «tesoros» acumulados a lo largo de cuatro siglos en la gran mansión, pero me pareció que lord de L'Isle y Dudley estaba tomando el té en un cuarto decorado con muebles de Woolworth y cuyo único lujo era una pequeña estantería llena de libros de la editorial Penguin. Era un hombre agradable, pero melancólico y se quejó a Vita de que pasaba la mayor parte del tiempo sentado en aquel salón sin ver a casi nadie, y de que su única distracción era ir de vez en cuando a Tunbridge Wells para echar una partida de bridge.

Había algo históricamente absurdo y conmovedor, algo irónicamente incongruente y al mismo tiempo apropiado, en aquel momento concreto, en el espectáculo de Vita, lord de L'Isle, Virginia y yo sentados en aquel feo saloncito. Vita era en muchos sentidos una persona modesta y sin pretensiones, pero por debajo de la superficie —y no muy por debajo— tenía la arrogancia instintiva del aristócrata del antiguo régimen, y por encima de la superficie era agudamente consciente del largo linaje de sus ancestros, los Sackville, los Buckhurst y los Dorset, y de la gran mansión de Knole a pocas millas de allí, en Kent. Su antepasado, Thomas Sackville, lord Buckhurst y conde de Dorset, tesorero de Inglaterra, bien pudo haber ido desde Knole a visitar al antepasado de lord de L'Isle, sir Philip Sidney, en Penshurst cuatrocientos años antes. No habría llevado consigo a los antepasados de Virginia ni a los míos, pues los de Virginia eran poco más que siervos en Aberdeenshire y los míos vivían «despreciados y rechazados»[12] en algún gueto del continente europeo. A Thomas Sackville lo habrían recibido con mucha ceremonia en el enorme salón de banquetes, con la chimenea encendida en el centro del salón, y le habrían ofrecido un suculento festín en platos de oro o plata y vino o hidromiel en copas doradas y jarras de plata. En 1940, los descendientes de los siervos escoceses y de los judíos del gueto podían visitar, a cambio de los dos chelines con seis peniques del billete de entrada, el salón de banquetes, las estancias y las alcobas, con sus muebles antiguos, sus cuadros, la plata y la porcelana (que debe de valer cientos de miles de libras), mientras lord de L'Isle, el propietario, y la descendiente de Thomas Sackville tomaban el té en un cuartucho en un servicio de té más bien feo. Tuve la sensación de que la historia se había abatido en aquel cuarto sobre los Sidney, los Leicester, los Sackville y los Dorset, mientras fuera, al otro lado del Canal, en Francia, se abatía sobre el resto de mundo.

El hundimiento de nuestro mundo continuó tres días más tarde cuando el gobierno de Pétain pidió un armisticio a los alemanes y el 4 de julio se produjo el angustioso incidente de nuestro ataque contra la flota francesa. No obstante, fue entonces cuando notamos, igual que le ocurrió a mucha otra gente, una extraña sensación de alivio —casi de alegría— por estar solos y habernos «quitado de encima» las cargas que nos agobiaban, incluidos nuestros aliados; ahora podíamos «seguir solos» a nuestra confusa, improvisada y empírica manera inglesa. Luego empezaron los bombardeos. Mi primera experiencia del comportamiento de la gente durante un ataque aéreo fue en la Cámara de los Comunes. Me hallaba en una de las salas de reuniones con la Comisión Consultiva del Partido Laborista cuando empezaron a sonar las sirenas. Todos tuvimos que bajar al sótano, los ministros, los parlamentarios, los funcionarios, las señoras de la limpieza y el público en general. Pasamos un cuarto de hora muy solemnes y ensimismados. Pronto aprendimos a no estar solemnes ni ensimismados durante los ataques. Yo detestaba los refugios antiaéreos y solo una vez entré de noche en uno, el de Mecklenburgh Square, en mitad de un bombardeo particularmente intenso. Odiaba el aire viciado y el olor a humanidad, y si tenía que caerme encima una bomba, prefería morir solo en la superficie y al aire libre. Igual que tantos demócratas fervientes y convencidos, en la práctica nunca me han gustado las masas, creo que hay mucho que decir a favor de la soledad, tanto en la vida como en la muerte. Llegado el momento, preferiría hacer como algunos animales salvajes y enfrentarme a ella solo, pero no en un refugio antiaéreo o bajo tierra. Creo que nunca he sentido tanto el agobio físico de la masa como cuando, en los peores días de los bombardeos, pasaba de noche por la estación de metro de Russell Square de camino a mi casa en Mecklenburgh Square. Docenas de hombres, mujeres y niños la utilizaban, como las demás estaciones de metro, como dormitorio y refugio antiaéreo, y dormían envueltos en sábanas y mantas sobre colchones tendidos unos junto a otros a lo largo del andén como si fuesen sardinas en una lata gigantesca.

Claro que uno se perdía algo al no reunirse con sus conciudadanos cuando caían las bombas. Todo el mundo sentía aflorar la extraordinaria camaradería y buena voluntad que nos embargaron a todos los londinenses durante los ataques, y las bombas nos soltaban la lengua. Las extrañas escenas y conversaciones que tenían lugar en dichas condiciones se le grababan a uno en la memoria. Por ejemplo, un día que íbamos en coche de Rodmell a Mecklenburgh Square nos sorprendió un ataque aéreo en Wimbledon. Cuando llegamos a los jardines públicos, las bombas empezaron a caer desagradablemente cerca de nosotros y al pasar cerca de un «búnker» que había cerca de la carretera nos refugiamos en él. Era el habitual espacio cuadrado con el suelo de cemento y troneras en las gruesas paredes. Ya estaba ocupado. En un rincón había una joven mecanógrafa a quien las bombas habían desalojado de su casa y que estaba viviendo «temporalmente» en el búnker con un maletín que contenía todas sus pertenencias. En otro rincón había una familia formada por el marido, la mujer y un niño. Tenían una cama de campaña, dos sillas, varias cajas, botes y sartenes, porcelana y cubiertos, y un hornillo Primus. Estaban tomando el té y nos invitaron a nosotros y a la joven a acompañarlos. Al cabo de dos minutos estábamos hablando como viejos amigos. El hombre era impresor, originario del norte de Inglaterra. Tres semanas antes había aceptado un trabajo en una empresa de Wimbledon y con muchas dificultades se las había arreglado para encontrar una casita. La noche que se mudaron cayó una bomba delante de la casa que voló las ventanas y la mitad del tejado. La familia salió indemne, pero no pudo encontrar alojamiento, así que se habían instalado en el búnker. Era un impresor típico. Y sé por experiencia que los impresores son —o eran— un ejemplo típico de la élite entre la clase trabajadora: el sindicalista, o el operario especializado. Apenas un año antes había llevado una vida remilgada y pequeñoburguesa* detrás de cortinas de encaje en algún callejón triste y respetable. La guerra y las bombas parecían haber cambiado por completo su visión de la vida. No había alcanzado la sabiduría del Antiguo Testamento «Coronémonos de capullos de rosa antes de que se marchiten»[13] y «Comamos y bebamos que mañana moriremos»,[14] pero daba la impresión de haber aceptado la recomendación de Cristo en el Nuevo Testamento: «No os inquietéis, pues, por el mañana; porque el día de mañana ya tendrá sus propias inquietudes; a cada día su afán».[15] Y así, tras dejar su saloncito y las cortinas de encaje, estaba viviendo, más o menos feliz, una existencia nómada en un nido de ametralladoras en los jardines públicos de Wimbledon.

---

* Karl Marx se equivocó por completo al creer que el proletariado acabaría destruyendo a la burguesía. Al contrario, como en tantos otros campos, en la lucha de clases y el mundo de la economía, los vencedores acabaron siendo absorbidos y tragados por los vencidos como si hubiesen caído en una gelatina o en unas arenas movedizas sociales. En cuanto los trabajadores se desembarazan de sus cadenas, adoptan la comida, la ropa, las costumbres, la mentalidad, las ambiciones y los ideales de la clase media. De Rusia en adelante no hay dictaduras del proletariado, sino solo una dictadura de la burguesía bajo otro nombre. Engels fue el único marxista de importancia que lo comprendió y tuvo la honradez de admitirlo (hasta cierto punto) cuando escribió: «El proletariado inglés se está volviendo cada vez más burgués, por lo que la más burguesa de todas las naciones parece abocada a tener una aristocracia burguesa y un proletariado burgués, además de una burguesía. Para una nación que explota al mundo entero eso es, claro, hasta cierto punto justificable».

A principios de agosto, empezaron los bombardeos masivos sobre Londres y casi cada noche los bombarderos alemanes rugían sobre nuestras cabezas en Rodmell camino de la capital. Todavía estaba pagando el alquiler del número 52 de Tavistock Square y era imposible que alguien se hiciese cargo del último año de arrendamiento, pues mucha gente se estaba yendo de Londres para huir de los bombardeos. Mantenía correspondencia con la inmobiliaria Bedford y les había preguntado si podrían cancelar o reducir mi renta, pues la casa estaba vacía y me había mudado a Mecklenburgh Square. Luego, un día, recibí una carta de la inmobiliaria diciéndome que la cuestión estaba zanjada porque la casa había sido totalmente destruida la noche anterior. La siguiente ocasión que visité Londres fui a ver las ruinas de la casa donde habíamos vivido más de quince años. Era una imagen curiosa e irónica, pues justo encima del enorme montón cónico de polvo y ladrillos había una silla de mimbre que habíamos dejado olvidada en una de las habitaciones de arriba. No quedaba nada más, excepto una repisa de chimenea rota contra la pared de la casa de al lado y uno de los adornos de Duncan Grant totalmente intacto.

El 10 de septiembre fui a Londres, pero descubrí que era imposible acceder a la casa de Mecklenburgh Square. La policía había acordonado la plaza después de evacuar a sus habitantes. El barrio había sufrido un severo bombardeo la noche anterior y había una bomba sin explotar delante de nuestra casa. Hogarth Press estaba paralizada. Lo único que podía hacer era volver a Rodmell y esperar hasta que hicieran detonar la bomba. Pero tres días después volví para ver a John Lehmann y discutir lo que convenía hacer con la editorial. Habían explosionado la bomba y nuestra casa estaba en un estado lamentable: con las ventanas rotas, las puertas colgando de los goznes y el tejado dañado. Poco después sufrió todavía más daños por la terrible destrucción causada por una mina de tierra que cayó en la parte de atrás, mató a varias familias y destrozó todas las habitaciones del otro lado que se habían salvado del anterior bombardeo.

Las oficinas de Hogarth Press en el sótano y nuestro apartamento del tercer y cuarto pisos quedaron inhabitables. Todas las ventanas estaban rotas; casi todos los techos se habían desplomado de manera que en muchos sitios uno podía estar en el primer piso, alzar la mirada y ver el tejado mientras los gorriones rebuscaban entre las vigas de lo que antes había sido el techo; las estanterías estaban arrancadas de la pared y los libros amontonados por el suelo y cubiertos de escombros y escayola. En el taller, los archivos, el papel, la máquina de imprimir y los tipos se hallaban en condiciones lamentables y cubiertos de suciedad. El tejado estaba tan maltrecho que en varios sitios dejaba pasar la lluvia y las tuberías de la casa estaban tan dañadas que de vez en cuando reventaba alguna cuando menos lo esperábamos y vertía una catarata por las escaleras desde el tercer piso a la planta baja.

En aquellos tiempos la editorial imprimía muchos de sus libros con Garden City Press, en Letchworth, Hertfordshire, y acudieron noblemente al rescate. Se ofrecieron a dar acomodo al personal de nuestras oficinas en sus talleres si los evacuábamos a Letchworth. Aceptamos agradecidos, y durante el resto de la guerra todas las actividades de Hogarth Press se llevaron a cabo desde Letchworth; todos los empleados aceptaron seguir con nosotros y emigrar a Hertfordshire. Pasaron los cinco años siguientes viviendo sin quejarse en un pueblo lejos de sus hogares y de sus familias. John Lehmann continuó viviendo en Londres y en casa de su madre junto al río Támesis y viajando continuamente a Letchworth para supervisar y dirigir las ediciones. Yo solo hice unas cuantas veces el largo y tedioso viaje (en tiempo de guerra) de ida y vuelta de Lewes a Letchworth y regresé el mismo día. En uno de esos viajes tuve ocasión de ser testigo de la más triste devastación de Londres por los bombardeos. Cogí uno de los primeros trenes que van de Lewes a London Bridge. Al salir de la estación vi que media ciudad había sido destruida durante la noche. No había tráfico, ni taxis ni autobuses. Fui a pie hacia King's Cross y llegué sin problemas a Cannon Street, pero en cuanto me desvié hacia el norte, y a pesar de que conocía muy bien el barrio, me perdí por completo. La mitad de las calles habían desaparecido y no eran más que montones humeantes de cascotes que hacían imposible identificarlas. Lo más siniestro y extraordinario era el silencio. No había tráfico, pues la mayoría de las calles estaban bloqueadas con los escombros de los edificios; apenas había peatones. Había muchos camiones de bomberos y hombres que todavía dirigían sus mangueras contra las ruinas en llamas y de vez en cuando me crucé con algún policía. Una capa de humo flotaba justo sobre nuestras cabezas y por todas partes se percibía un acre olor a quemado. De vez en cuando, también pude vislumbrar la catedral de Saint Paul alzándose entre el humo sobre las ruinas y, aunque la mitad del tiempo no supe exactamente dónde me hallaba, me encaminé más o menos hacia el norte pasando junto a la catedral y llegué por fin a Farringdon Road y por calles que en comparación habían sufrido menos los efectos del bombardeo a King's Cross.

Tras haber vivido las dos guerras mundiales de 1914 y 1939, puedo decir que mi principal recuerdo de la guerra es un tedio insoportable. En ese aspecto, creo que la primera fue peor que la segunda, aunque esta también fuese muy fastidiosa. Tardaba casi diecisiete horas en ir y volver de Rodmell a Letchworth, y debido a los bombardeos siempre había que esperar horas a trenes que nunca llegaban o en trenes que no podían seguir porque había caído una bomba en la vía. Más de una vez he pasado en el tren cuatro horas o más en el viaje de la estación Victoria a Lewes que normalmente tardaba una hora; la vía principal había sido bombardeada y había que dar un lento rodeo por Surrey y Sussex hasta llegar a Lewes vía Horsham y Brighton. Y cuando por fin llegábamos a Lewes hambrientos y aburridos, el pueblo estaba totalmente a oscuras, el último tren había salido, no había taxis y lo único que se podía hacer era enfrentarse a una caminata de cuatro millas bajo la lluvia. Si alguna vez recé, debió de ser no tanto para librarme de las batallas, el asesinato y la muerte súbita, como del tedio de la guerra.

Tras instalar Hogarth Press en Garden City Press de Letchworth, tuvimos que decidir qué hacer con nuestras cosas y posesiones esparcidas por el suelo de las habitaciones de Mecklenburgh Square. Algo había que hacer para rescatarlas del viento y la lluvia que se colaban por las ventanas rotas. Por fin pude disponerlo todo para que las trasladaran a Rodmell. Pero no se trataba solo de los muebles, que llenaban seis o siete habitaciones, había miles de libros, una enorme máquina de imprimir, y una considerable cantidad de tipos y material de imprenta. Conseguí alquilar dos habitaciones en una granja de Rodmell y un enorme cuarto en otra casa del pueblo. Allí y hasta en el último sitio libre de mi casa colocamos las montañas de libros, muebles y cacharros de cocina mezclados caóticamente con el equipo de la imprenta.

Los miles de libros que habíamos tenido en Londres se amontonaban en mesas, sillas y por el suelo del enorme salón de la planta baja de Monks House. Siempre había tenido pasión por comprar y acumular libros, y lo mismo le ocurría a Virginia, que había heredado además la biblioteca de su padre. Una biblioteca como la que podía adquirir, en los prósperos y espaciosos días de la reina Victoria, un distinguido caballero, que había editado el *Dictionary of National Biography* y era un crítico y ensayista eminente. En sus estantes, en ediciones completas de diez, veinte, treinta o cuarenta volúmenes, a menudo pomposamente encuadernadas en piel, había hileras de clásicos ingleses y franceses. Ahora estaban apilados en el salón en tristes y revueltos montones. Un día causaron uno de esos incidentes triviales, pero agradablemente inesperados que de vez en cuando mitigaban la amenaza y la monotonía de la guerra. En los años previos a la invasión de Francia había muchos soldados haciendo la instrucción en el sur de Inglaterra y se produjo una inacabable sucesión de regimientos que marcharon por Rodmell. A menudo acampaban en los terrenos de la casa y más de una vez alojé a los oficiales en uno de los dormitorios y en el invernadero. Un día, a finales de verano, estaba en una escalera cogiendo higos de una enorme higuera cuando oí a alguien que me llamaba. Bajé la mirada y vi a un oficial subalterno muy atezado. Quería pedirme algo prestado, así que le hice pasar a la casa. La puerta del cuarto donde guardábamos los libros estaba abierta y, al verlos, entró entusiasmado, cogió uno al azar y, aunque se trataba del *Novum*

Organum de Francis Bacon, se puso a leerlo. Sé por experiencia que los caprichos de las personas son infinitamente impredecibles, pero debo admitir que me sorprendió un poco ver a un teniente desconocido de un regimiento inglés extasiado por la lectura del *Novum Organum*. Mi visitante, que pasó los dos días siguientes conmigo, resultó ser un hombre muy interesante y divertido. Era polaco y pertenecía a la clase terrateniente. Antes de la guerra había estado en el Servicio Diplomático y el estallido del conflicto le había sorprendido en la embajada polaca en Washington. Quería combatir a los alemanes y se las arregló para llegar a Inglaterra. He olvidado cómo giraban los engranajes de la política polaca en torno a Sikorski y Anders, pero creo que a aquel teniente no le gustaba, y de un modo u otro se las había ingeniado para que lo destinaran a un regimiento inglés. Daba la impresión de ser lo que suele llamarse un tipo duro, y en una situación comprometida habría preferido tenerlo de mi parte que en mi contra. Pero también le apasionaban la literatura, aprender, los libros y la lectura. Apenas había visto un libro ni había tenido ocasión de leer desde hacía meses y ver aquella montaña de libros había producido en él el mismo efecto que un manantial de agua fresca y cristalina en un hombre que estuviese muriéndose de sed. Las siguientes cuarenta y ocho horas las pasó en mi casa desde la mañana a medianoche, devorando un libro tras otro y sin acordarse de la guerra ni de su regimiento. Comíamos en la cocina y pasábamos las sobremesas hablando del amor, la vida, la muerte, la política y la literatura. Aquella súbita y fugaz aparición de un desconocido totalmente cordial fue uno de los raros interludios, inesperadamente agradables y reconfortantes, en la claustrofobia de la guerra. Éramos totalmente distintos por nacimiento, nacionalidad, educación y vivencias; procedíamos de los más remotos confines de la tierra habíamos coincidido por un tiempo —cuarenta y ocho horas— y, sin embargo, mientras comíamos nuestras escasas raciones bajo la amenaza de la muerte y el desastre, hablamos como si nos conociéramos de toda la vida y descubrimos que el mundo y el universo ofrecían para ambos el mismo rostro ridículo, horrible y al mismo tiempo placentero.

Mi teniente y su regimiento se perdieron en la nebulosa de la guerra al cabo de dos días y, aunque recordé con agrado su rudeza, entusiasmo e inteligencia, no conté con volver a verlo. Sin embargo, uno o dos años después de la guerra, un día de verano estaba en el jardín y de pronto llegó mi teniente polaco, vestido de civil y acompañado de una joven muy guapa. Había sobrevivido a la guerra y, al acordarse de mí y de mis libros, había decidido pasar a verme si tenía ocasión. Una vez más estuvimos hablando una o dos horas y una vez más desapareció en Europa. No he vuelto a verle y espero que sobreviviera a la paz en Polonia igual que sobrevivió a la guerra.

Otro incidente relacionado con los soldados que acamparon en los terrenos de la casa demuestra lo internacionales que llegaron a ser nuestros regimientos durante la guerra. Un día, cuando un regimiento de Kent (o eso creo) acampó en nuestros terrenos alojé a tres o cuatro oficiales en una habitación donde había una enorme librería llena de traducciones de libros de Virginia a casi todas las lenguas europeas. Por la tarde subí a preguntar si tenían todo lo que necesitaban. Encontré solo a un oficial subalterno leyendo un libro en una silla. Para mi sorpresa resultó ser una traducción checa de *Flush*. El teniente era checo y se había sorprendido felizmente al encontrar un libro en su lengua natal en una casa de Sussex.

Debo volver a la cronología, a la narración cronológica de esta autobiografía. Vuelvo a agosto o septiembre de 1940 y tal vez sea aquí donde debería hacer una breve digresión sobre las digresiones autobiográficas, no para excusarme o defenderme, sino para explicarme. Algunos críticos de los volúmenes anteriores de esta autobiografía se han quejado de mi afición a las digresiones, mi costumbre de «no ceñirme al asunto», y uno o dos han dado a entender con mucha educación que la causa es mi avanzada edad, la facundia que acompaña a veces a la senilidad. «Es un pobre viejo, señor, y habla sin cesar. Ya lo dice el refrán: "Cuando la edad entra por la puerta el seso sale por la ventana".»[16] No negaré esta explicación o crítica, pero también hago digresiones deliberadamente. La vida no es una progresión ordenada y contenida como una escala musical o una ecuación de segundo grado. Cuando el autobiógrafo fuerza su vida y sus recuerdos a seguir una línea recta cronológica lo único que consigue es distorsionar su forma y falsificar sus memorias. Si uno quiere reproducir fielmente su vida debe tratar de incluir algo de la desordenada discontinuidad que la hace tan absurda, impredecible y soportable.

Al volver atrás desde el suicidio de Virginia en marzo de 1941 hasta los cuatro últimos meses de 1940, me he preguntado a menudo por qué no tuve ningún presentimiento de la catástrofe hasta principios de 1941. ¿Cuál era su verdadero estado de ánimo y su salud en el otoño y a comienzos del invierno de 1940? Entonces pensé, y sigo pensándolo ahora, que estaba más tranquila, más estable y más alegre y serena de lo habitual.

Cuando estás en el centro exacto de un ciclón o de un tornado, te encuentras rodeado de una calma mortal, mientras todo a tu alrededor es un rugiente torbellino de viento y olas. Fue como si en aquellos últimos meses de 1940 que pasamos en Rodmell hubiésemos entrado de pronto en el ojo silencioso e inmóvil del huracán de la guerra. Era una pausa, nada más que una pausa, mientras esperábamos el siguiente desastre; pero esperamos en una calma absoluta, sin tensión, con la amenaza de la invasión sobre nuestras cabezas, y las bombas y los bombardeos a nuestro alrededor. En parte se debía a que nos sentíamos aislados física y socialmente, apartados de todo. Habíamos tenido que abandonar Londres por culpa de los bombardeos. A partir de noviembre, se hizo necesario economizar gasolina y ya no pudimos ir a Londres en coche. Los viajes en tren cada vez resultaban más tediosos.

Eso significaba que, por primera vez en nuestras vidas, Virginia y yo nos sentimos como si fuésemos campesinos y aldeanos. Y también por primera vez nos quedamos sin criados en el sentido victoriano del término. En Londres, antes de la guerra, habíamos reducido el servicio a solo una persona, una cocinera, la extraña, silenciosa y melancólica Mabel. Cuando empezaron los bombardeos de Londres, se mudó con nosotros a Rodmell, pero, aunque era una típica campesina del oeste de Inglaterra, no le gustaba el campo y odiaba estar lejos de la capital. Al cabo de unas cuantas semanas no lo resistió más y decidió que prefería las bombas de Londres. Nos dejó para irse a vivir con su hermana y trabajar en una taberna. Quedarnos sin criados, sin otra responsabilidad que cuidar de nosotros mismos, nos hizo reparar aún más en la libertad y la calma mortífera del ojo del huracán.

Dicha calma era producto en parte de la rutina, de la agradable monotonía de vivir. Trabajábamos toda la mañana, comíamos, paseábamos o cuidábamos del jardín, jugábamos a la petanca, preparábamos la cena, leíamos y oíamos música y nos íbamos a la cama. El diario de Virginia muestra con mucha claridad que aquella vida le procuraba tranquilidad y bienestar. El 12 de octubre escribió:

> Cuánta paz y libertad. No viene nadie a vernos. No tenemos criados. Comemos cuando queremos. Creo que nos apañamos bien reduciendo los gastos al mínimo.

Y, dos días después, una larga entrada describe la profundidad y el trasfondo de su estado de ánimo (la publiqué en *Diario de una escritora*, pero la cito aquí por su relevancia):

> Ojalá tuviese más cosas que hacer durante el día: la mayor parte de mis lecturas no son más que una especie de aperitivo. Si no fuese traición decirlo, un día así es casi demasiado, no diré feliz, pero sí llevadero. La tonada cambia de una agradable melodía a otra. Todo se interpreta (hoy) en ese teatro. Las colinas y los campos; no me canso de mirar; octubre está en pleno esplendor: campos arados y las marismas que se desdibujan. Ahora se levanta la neblina. Y una cosa «agradable» detrás de otra: el desayuno, escribir, pasear, el té, los cuencos, leer, dulces, irse a la cama. Una carta de Rose contándome lo que ha hecho ese día. Casi dejé que me estropeara el mío. Luego me recuperé. El mundo gira otra vez. Detrás..., ¡oh, sí! Pero estuve pensando que debo intensificarlo. En parte por Rose. En parte porque me aterra la aceptación pasiva. Vivo intensamente. En Londres, aho-

ra o hace dos años, estaría vagando como un búho por las calles. Mucho más emocionante e intenso que aquí. Debo compensar eso, pero ¿cómo? Creo que inventando libros. Y siempre queda la posibilidad de una gran ola: no, no volveré a mirar eso con lupa. Retazos de recuerdos que refrescan mi espíritu. He terminado esos tres artículos (uno lo he enviado hoy). He terminado una página sobre Thoby. He olvidado el pescado. Tendré que pensar en algo para la cena. Pero todo es tan libre y fácil. L. y yo solos. Esta semana le hemos subido el sueldo a Louie* de doce chelines a quince. Está tan oronda y feliz como un niño al que le han dado una propina. También tengo a mano mi alfombra. Otra satisfacción. Y nada de obsesionarse con la ropa, como hacía Sybil, la vida social ha desaparecido. Pero quiero recordar algo positivo de estos años de guerra. L. está recolectando manzanas. Sally, ladra. Imagino la invasión del pueblo. Es raro cómo se ha limitado la vida al entorno del pueblo. Hemos comprado leña suficiente para varios inviernos. Todos nuestros amigos están aislados junto a fuegos invernales. Cartas de Angelica, Bunny, etcétera. No hay coches. Ni gasolina. Los trenes son poco fiables. Y nosotros en nuestra preciosa isla otoñal. Pero me dedicaré a leer a Dante, y a mi excursión por el libro de literatura inglesa. Me alegró ver el *C. R.*[17] manoseado por los lectores de la biblioteca pública a la que estoy pensando en inscribirme.

Otra entrada en su diario (la del 2 de octubre), que incluí en *Diario de una escritora*, describe de manera vívida su estado de ánimo

---

* Desde 1932 Louie vivía en una de las dos casas que yo poseía en Rodmell. Nos ayudaba con las tareas domésticas: llegaba a las ocho, fregaba los platos, hacía las camas y limpiaba la casa, y lo sigue haciendo en 1969.

ese otoño, una especie de quietismo y contemplación imperturbable de la muerte, que había dejado de ser, como lo es para todos durante toda la existencia, el final, algo lejano e irreal, como si la contempláramos por el lado equivocado del telescopio de la vida, sino que se había convertido en algo mucho más inmediato, extraordinariamente cercano y real, que pendía constantemente sobre nuestras cabezas, algo que podía caer con estrépito en cualquier momento y aniquilarnos. «La otra noche —escribió— una gran explosión bajo la ventana. Tan cercana que los dos nos sobresaltamos.» Su reacción inmediata fue: «Le dije a L.: No quiero morir todavía». Y luego sigue una descripción extraordinariamente vívida de lo que se sentiría al morir destrozado por una bomba:

> ¡Oh!, intento imaginar cómo te mata una bomba. Me he representado con viveza la sensación; pero después no veo más que una sofocante inexistencia. Creo…, ¡oh!, yo quería otros diez años…, no esto…, y por una vez no sabré describirlo.

Creo que la muerte, la contemplación de la muerte, siempre estuvo a flor de piel en la imaginacion de Virginia. Formaba parte del profundo desequilibrio de su mente. Estaba a medias «enamorada de la Muerte que todo lo alivia».[18] Puedo entenderlo, pero solo desde el punto de vista intelectual; emocionalmente nada me resulta más ajeno. Antes de empezar a envejecer, apenas pensaba en la muerte. Sabía que era el final inevitable, pero en el fondo soy un fatalista convencido. Tal vez se deba en parte a la tradición judía y a ese fatalismo escéptico que impregna incluso a Jehová en el Eclesiastés y todo el libro de Job; y después, en casi dos mil años de persecuciones y guetos en Europa, los judíos han aprendido que combatir o escapar a los males evitables de la vida requiere mucho esfuerzo. Aceptaría el riesgo de la inmortalidad, si me lo ofrecieran, pero no me preocupa mi muerte inevitable. A medida que uno envejece se ve obligado a pensar en ella, pues se va volviendo cada vez más próxima; llega el momento en que reparas en que la gente se sorprende de que sigas vivo, en que sabes que si plantas un árbol en el jardín no estarás vivo para ponerse bajo sus ramas, o, si compras una botella de Burdeos joven para «guardarla» es probable que mueras antes de que madure. He llegado a la época en que «No estaré aquí para verlo» ya no es académico, pues uno sabe que será pasado mañana. La *pallida mors* horaciana, la muerte pálida, está sentada sobre el hombro del jinete. Pero no creo estar jactándome o engañándome si digo que aunque lamento la inminencia de la muerte, no me preocupo por ella. Es el destino, lo inevitable, y no se puede hacer nada.

La actitud de Virginia respecto a la muerte era muy distinta. Siempre la tenía presente. El hecho de que hubiese intentado suicidarse en dos ocasiones —y casi hubiera tenido éxito— y el saber que la desesperación o la depresión más terribles podían volver a abrumarla significaba que la muerte nunca se alejaba mucho de su pensamiento. La temía y no obstante, como he dicho, estaba a medias «enamorada de la Muerte que todo lo alivia». Sin embargo. En esos últimos meses de 1940 con la muerte rodeándola por doquier, cuando las bombas estallaban tan cerca, «Le dije a L.: "No quiero morir todavía"». La razón era que estaba más feliz y tranquila de lo habitual. Eso se debía en gran parte a la satisfacción y facilidad de su escritura. Resulta extraño e irónico que *Entre actos*, que pronto desempeñaría un papel crucial en su crisis nerviosa y en su suicidio, le causara tan pocos problemas y preocupaciones al terminarlo. «Nunca he escrito mejor. De hecho P. H. (es decir, *Entre actos*) me gusta», escribió en su diario el 6 de octubre de 1940. El 5 de noviembre anotó: «Soy muy "feliz", como suele decirse, y animada por *P. H.*». Y cuando el 23 de noviembre terminó el libro, escribió:

> Estoy un poco exaltada con el libro. Lo considero un interesante intento de seguir un nuevo método. Creo que está más quintaesenciado que los otros. He quitado más nata. Es más rico y desde luego más fresco que la miseria de *Los años*. He disfrutado escribiendo cada una de sus páginas.

Resulta significativo que la mañana que terminó *Entre actos* estuviese ya pensando en el primer capítulo de su siguiente libro. Como hacía siempre, antes de terminar un libro ya tenía bosquejados el tema y la forma del siguiente. El libro que seguiría a *Entre actos*, y que no llegó a escribir, se iba a titular *Anon*, y era «un libro basado en hechos». Escribió: «Pienso tomar la cima de la montaña, esa visión persistente, como punto de partida». Y así los últimos meses de 1940 pasaron para Virginia en una auténtica —aunque falsa— tranquilidad. En noviembre ocurrió un divertido incidente, característico del inmaculado feminismo de Virginia, que —en particular en lo que respecta a *Tres guineas*— le han reprochado muchos críticos, pero que personalmente considero acertado. Morgan Forster le preguntó si podía proponerla para el Comité de la Biblioteca de Londres. Pero unos años antes Morgan, que entonces formaba parte del comité, se había encontrado a Virginia y le había comentado su organización o administración y «había hablado con desdén de la presencia de mujeres en el comité». Virginia no había hecho ningún comentario, pero se había dicho: «Algún día lo rechazaré». Así que el jueves 7 de noviembre de 1940 tuvo la callada satisfacción de decirle que no. «No quiero servir para lavarles la cara», escribió en su diario. Mucha gente considera estos asuntos triviales y sin importancia. No estoy de acuerdo: creo que detrás de esa evidente trivialidad se oculta algo de una profunda importancia social. Uno de los mayores males sociales ha sido siempre el sometimiento y la dominación de clase. La lucha para poner fin al sometimiento de las mujeres ha sido amarga y prolongada; en 1940 no había concluido, y tampoco en 1968. El monopolio y los intereses masculinos se ven, como es lógico, a pequeña escala en los comités y las instituciones exclusivamente masculinas como la Biblioteca de Londres. En 1940, hacía casi cuarenta años que Virginia era miembro de la Biblioteca. Estaba perfectamente cualificada para ser miembro del comité, igual que muchas otras mujeres que también eran miembros de la Biblioteca. No hay duda de que, si hubiesen sido hombres, a muchas las habrían elegido para formar parte de él. Era absurdo que antes de 1940 no hubiesen elegido a ninguna y que Morgan pudiese hablar con desdén de la posibilidad de incluir a alguna mujer. Y el espectáculo de ver de repente a aquel comité exclusivamente masculino tan deseoso de elegir a una mujer que sirviera «para lavarles la cara» y demostrar así su apertura de miras no es nada raro. Quienes creemos en la igualdad vemos en trivialidades como estas un auténtico significado social.*

* Un interesante ejemplo del complaciente monopolio masculino ocurrió veintisiete años después en la Real Sociedad de Horticultura. El órgano administrativo de esta próspera y gran sociedad es un amplio consejo que eligen los miembros en una reunión general anual, pero como sabe cualquiera que ten-

En el diario de Virginia de los dos últimos meses de 1940 hay pruebas de su tranquilidad. No obstante, hay también una entrada exasperada y levemente desequilibrada que podría dar la impresión de contradecir lo que digo, aunque de hecho Virginia estuvo sometida toda su vida a esta especie de breves y agudos espasmos exasperados. Solo *a posteriori* puede verse algo anormalmente serio en ese estallido. No obstante, no deja de resultar curioso. El 28 de noviembre di una conferencia (no recuerdo a propósito de qué) en la Asociación Educativa de Trabajadores. Igual que a cualquier otro, me llamaban a menudo

---

ga cierta experiencia en reuniones generales anuales y comités, los comités y los consejos de instituciones como la Biblioteca de Londres o la Real Sociedad de Horticultura casi siempre se reproducen a sí mismos. Los miembros ordinarios son quiescentes y aquiescentes y nunca proponen a nadie para la elección. Si se producen tres vacantes, el comité propone exactamente a tres personas para su elección y se las elige de manera automática. En 1967 el Consejo de la RSH era totalmente masculino, y, cuando lady Enid Jones y varias personas más escribieron a *The Times* protestando contra la ausencia de consejeras, el presidente, lord Aberconway, defendiendo el sistema establecido, dio la impresión de insinuar que en todos los años de la existencia de la sociedad el consejo y los empleados habían buscado en vano a una horticultora digna de sentarse con ellos en el consejo. Lo cual resulta sorprendente si uno recuerda los muchos nombres famosos de horticultoras, por ejemplo la señorita Jekyll, Vita Sackville-West o la señora Earle. Tal vez fuese aún más sorprendente que, al cabo de unos meses, lord Aberconway y el consejo lograran dar con una mujer apta para el puesto. En la reunión anual general, lord Aberconway se tomó la molestia de felicitar a la sociedad y a la señora Perry por ser la «primera mujer miembro» y añadió: «Tengo la esperanza personal [...] de que no pase mucho tiempo hasta que podamos decidir que una segunda mujer sea la mejor candidata para ocupar una vacante en el consejo». La paternalista y complaciente dictadura del horticultor masculino en 1968 me parece una justificación de la desdeñosa irritación de Virginia con Morgan y la Biblioteca de Londres en 1940.

—Virginia habría dicho que me importunaban— para hacer ese tipo de actividades. El 29 de noviembre, Virginia escribió en su diario:

> Se me han ocurrido ideas muy profundas. Y luego las he olvidado. La pluma les echa sal a la cola: ven su sombra y salen volando. Estuve pensando en vampiros. Sanguijuelas. Cualquier persona educada que gane 500 al año acaba siendo víctima de las sanguijuelas. Nos pones a L. y a mí en un estanque de Rodmell y nos chupan..., chupan..., y chupan la sangre sin cesar. Comprendo a quienes chupan guineas. Pero la vida, las ideas, es pasarse un poco de la raya. Hemos cambiado a los inteligentes por los necios. Los necios envidian la vida que llevamos. La conferencia de L. de la otra noche atrajo a las sanguijuelas.

Hasta los primeros días de 1941 no empezó a verse con claridad la profunda perturbación de su mente. Seguiré citando su diario porque sus propias palabras son más reveladoras y auténticas que mi memoria. La entrada del 9 de enero vuelve a ser extraña y muestra su preocupación por la muerte:

> Un vacío. Todo escarchado. Sigue escarchado. Blanco ardiente. Azul ardiente. Los olmos rojos. No pretendía describir, una vez más, las colinas bajo la nieve; pero surgió. Y ni siquiera ahora puedo evitar volver la vista hacia el monte Asheham rojo, purpúreo, azul grisáceo como una paloma, con la cruz*

---

* La cruz de piedra de la iglesia de Rodmell se ve desde la ventana de nuestro salón silueteada contra la colina.

recortada tan melodramáticamente contra él. ¿Qué frase es esa que siempre trato de recordar... u olvidar? Al final, míralo todo con ternura. Ayer enterraron boca abajo a la señora Dedman. Un accidente. Una mujer tan gruesa, como dijo Louie, abalanzándose de forma espontánea sobre la tumba. Hoy es la propia Louie quien entierra a la tía cuyo marido tuvo la visión en Seaford. La bomba que oímos de madrugada la semana pasada cayó en su casa. Y L. está sermoneándonos mientras ordena la habitación. ¿Es eso interesante?, ¿ese recuerdo que dice: detente, eres tan bella? Bueno la vida lo es, a mi edad. Me refiero a cuando no queda, supongo, mucho más por venir. Y al otro lado de la colina no habrá nieve rosada, roja y azulada.

Luego, alrededor del 25 de enero, creo, empezaron a aparecer los primeros síntomas de un grave trastorno mental. Cayó en lo que llamaba «un pozo de desesperación».[19] Fue un ataque inesperado y duró diez o doce días. Fue raro, porque cuando pasó se dijo que no recordaba por qué se había deprimido. No dio la impresión de tener que ver con su revisión de *Entre actos*; de hecho, el 7 de febrero anotó que había estado escribiendo con cierta desenvoltura. No obstante, estoy seguro de que lo que estaba a punto de ocurrir tuvo que ver con la tensión de revisar las galeradas y con la negra nube que siempre se cernía sobre su imaginación cuando, una vez terminado un libro, tenía que enfrentarse a la conmoción de cortar, por así decirlo, el cordón umbilical mental y enviarlo a la imprenta..., y por último a los críticos y a los lectores. Al principio, no reparé en lo graves que eran aquellos síntomas, aunque enseguida me intranquilizaron y tomé varias medidas que describiré después. Una de las cosas que me engañaron fue lo repentino del ataque. Llevaba años acostumbrado a observar los síntomas de peligro en la mente de Virginia, que siempre habían llegado lenta e inconfundiblemente: los dolores de cabeza, el insomnio, la imposibilidad de concentrarse. Habíamos aprendido que las crisis nerviosas podían evitarse si se retiraba de inmediato a una hibernación, o capullo o quiescencia cuando aparecían los síntomas. Pero esta vez no hubo la menor advertencia. La depresión se abatió de golpe sobre ella. Al recordar lo ocurrido veo ahora que en otra ocasión se había producido una perturbación mental aún más repentina, una súbita transición de la estabilidad al desorden mental. En aquel caso aún fue más catastrófica. La describí en *Beginning Again*. Ocurrió en 1915, cuando estábamos alojados en Richmond Green. Virginia parecía haberse recobrado de una terrible crisis nerviosa que había durado casi todo el año. Una mañana estaba desayunando en la cama y yo estaba sentado junto a la cabecera y hablando con ella. Estaba tranquila, bien, totalmente cuerda. De pronto, se puso muy nerviosa, creyó que su madre estaba en la habitación y empezó a hablar con ella.

Creo que debió de ser a mediados de enero cuando empecé a preocuparme por Virginia y consulté a Octavia Wilberforce. Octavia era un personaje notable. Descendía de los famosos Wilberforce del movimiento antiesclavista; sus retratos colgaban en las paredes y había heredado sus hermosos muebles y su magnífica biblioteca de libros del siglo XVIII. Su familia estaba muy relacionada con la de Virginia, pues ambas anclaban sus raíces en la secta Clapham. Octavia había nacido y se había criado en un caserón de Sussex, una joven en una típica casa de campo de un terrateniente. Pero aunque era una señorita inglesa de clase media alta, nunca fue una joven típica. *Illi robur et aes triplex circum pectus erat* —«su pecho estaba triplemente rodeado de roble y latón»—[20] en todas las cosas importantes de la vida. Era corpulenta, fuerte, sólida, de crecimiento lento y tan de fiar como un roble inglés. Sus raíces se hundían en la historia inglesa y el suelo inglés de Sussex, y a su modo discreto y reservado estaba profundamente apegada a ambas cosas. Era ya una joven cuando decidió estudiar medicina. Fue una decisión extraña e inquietante, pues en aquellos tiempos en las mansiones rurales de Sussex las jóvenes no estudiaban medicina; jugaban al tenis y asistían a bailes para casarse y engendrar otras jóvenes en otras mansiones, que engendrarían a su vez otras jóvenes en otras mansiones rurales. La familia de Octavia no lo consideró una buena idea y no la apoyó lo más mínimo. Otra dificultad era que su educación de señorita no era de las que facilitan aprobar los exámenes de la facultad de medicina. Pero su callada determinación, el roble y el triple latón, le permitieron superar todas las dificultades. Llegó a ser una médico de primera en Brighton.

Octavia ejercía en el Montpelier Crescent de Brighton, y vivía allí con Elizabeth Robins. Las conocimos en 1928. A Virginia le habían concedido el premio Femina Vie Heureuse, y una tarde de mayo fuimos al Instituto Francés en Cromwell Road a la ceremonia de entrega. Tras el discurso de Hugh Walpole y la entrega del premio se produjo el consiguiente barullo, y la «pequeña señorita Robins, acercándose igual que un petirrojo» se presentó a Virginia. Había conocido a Leslie Stephen y a toda la familia Stephen cuando Vanessa y Virginia eran pequeñas. Poseía una aguda memoria visual y era capaz de describir de manera vívida lo que veía, allá lejos y tiempo atrás, al mirar por el otro extremo del telescopio de la memoria. Describió a la madre de Virginia y me pareció verla por primera vez como una mujer viva y no como la santurrona agonizante de las memorias de su marido o siquiera como las fotografías de la señora Cameron: «Decía cosas tan inesperadas viniendo de alguien con un rostro tan virginal, que casi parecían despiadadas». Invitamos a Elizabeth a cenar con nosotros en Londres y luego fuimos a visitarla a Brighton, y así conocimos a Octavia.

Elizabeth era una mujer aún más notable que Octavia. Había nacido en 1862 en Kentucky en el seno de la aristocracia esclavista sureña norteamericana. Hizo en Kentucky lo que Octavia haría después en Sussex: con una determinación y una fuerza de voluntad extraordinarias rompió las cadenas familiares y de clase, las férreas leyes que prescriben la vida y el comportamiento de las jóvenes, ya sea Antígona en Tebas seiscientos años antes de Cristo, Elizabeth, dos mil quinientos años después en Kentucky, en Estados Unidos, u Octavia en Lavington, Sussex. Elizabeth decidió ser actriz, algo nunca visto en una joven señorita de un estado sureño, hija de un banquero y nieta de una abuela muy dominante. La familia fue inflexible y su padre la envió a las montañas Rocosas con la esperanza de que allí olvidaría lo de dedicarse a los escenarios. Pero su determinación resultó ser tan rocosa como las montañas y la familia tuvo que dar su brazo a torcer. Se dedicó al teatro, hizo giras por Norteamérica, se marchó a Londres y se convirtió en una actriz famosa. Fue la primera en interpretar los papeles de las grandes heroínas de las obras de Ibsen: Hedda Gabler, Hilda en *Solness, el constructor* y Nora en *Casa de muñecas*. Debió de ser una gran actriz. Tenía sesenta y seis años cuando la conocí y creo que murió cumplidos los noventa. Pero incluso de anciana irradiaba magnetismo cuando hablaba de los grandes personajes de Shakespeare e Ibsen, y percibí la misma dedicación apasionada a su arte que se ve en otra gran actriz, Peggy Ashcroft, y en la gran bailarina rusa Lydia Lopokova. Su talento y su genio, no obstante, no se limitaban solo a la escena. Cuando se hallaba en el cenit de su carrera, lo abandonó todo y partió a las gélidas vastedades de Alaska en busca de su amado hermano Raymond, un hombre extraño, inteligente y díscolo, que compartía su misma vitalidad mercurial, y sufría de la curiosa peculiaridad psicológica, que he conocido en otros dos hombres, de ceder de vez en cuando al impulso irresistible de huir de su vida y desaparecer. En esa ocasión se había unido a la fiebre del oro en los campamentos mineros de Klondike y luego... completo silencio.

Elizabeth, como he dicho, se propuso dar con él. Para entonces, se había convertido no solo en una actriz distinguida, sino en una figura bien conocida en la sociedad literaria londinense. Que una mujer así se marchara sola a los campamentos mineros casi en el Círculo Ártico era terrible e inconcebible en 1900. Sus amigos se quedaron horrorizados, pero Elizabeth era indomable y no tenía miedo a nada. Desapareció en las nieves de Alaska, pero encontró a Raymond y se quedó con él en aquel pueblo minero sin ley hasta que cayó enferma y se vio obligada a regresar con él a Londres. No volvió a los escenarios, aunque escribió una novela ambientada en Alaska que fue todo un éxito de ventas: *The Magnetic North*. Se convirtió en una escritora de talento y en una prolífica novelista; también escribió dos obras autobiográficas, *Raymond and I*, en la que describía su odisea en busca de su hermano, y *Both Sides of the Curtain*, que hablaba de su vida en los escenarios y de los muchos hombres y mujeres distinguidos a quienes había conocido.

La amistad entre Octavia y Elizabeth se inició en 1908. Cuando las conocimos, vivían, como he dicho, en Brighton. Elizabeth poseía también una preciosa granja con bastante terreno de pasto en Henfield, Sussex. Había vivido allí hasta 1927, cuando la transformó en una casa de reposo para mujeres profesionales agotadas, una institución caritativa que Octavia presidía médica y administrativamente. Doy todos estos detalles y los que siguen debido al papel que Octavia y Elizabeth desempeñaron en los últimos meses de la vida de Virginia y porque después mi amistad con ellas llevó a que me interesara por sus asuntos y su relación y también por el Backsettown Trust.

La relación de Octavia con Elizabeth era la de una hija devota. Si uno hubiese buscado por toda la tierra desde Kentucky, en Estados Unidos, hasta Lavington, en Sussex, no habría encontrado en ninguna parte dos mujeres más distintas. Elizabeth estaba, creo, volcada en Octavia, pero también en Elizabeth Robins; cuando la conocimos era ya una anciana, pero seguía siendo una egoísta tan fascinante como exasperante. De joven debió de ser muy bella, vivaz y con una chispa de genio que, unida a su indescriptible encanto femenino, la hacían invencible ante cualquier hombre y la mayoría de las mujeres. Uno todavía lo percibía, igual que a veces se percibe la belleza del verano que perdura en un jardín otoñal. No era una compañera fácil, pues poseía esa naturaleza vampírica que desarrollan algunas personas de edad avanzada y que les permite absorber la fuerza y la vitalidad de los jóvenes, de modo que se vuelven aún más invencibles, infatigables e imperecederas. Después de la guerra, cuando volvió de Florida a Brighton convertida en una mujer muy vieja y frágil, adquirió la costumbre de pedirme que pasara a verla para aconsejarla sobre algún asunto. La encontraba en la cama, rodeada de cajas llenas de cartas, recortes de periódico, recuerdos y fragmentos literarios de todo tipo. Por naturaleza soy yo mismo invencible, infatigable e imperecedero, y era casi veinte años más joven que Elizabeth, pero después de tres horas de conversación con ella en Montpelier Crescent, salí muchas veces tembloroso, exhausto y debilitado como si acabase de recuperarme de un severo ataque de gripe.

La suya era una individualidad tan compleja que resulta imposible pintar un retrato completo y convincente de ella, aunque vale la pena aludir a una extraña costumbre suya. No creo que en sus noventa años de vida destruyera una sola carta, documento o recorte que tuviese que ver con ella o que sencillamente pasara por sus manos. En su testamento nos nombró a Octavia y a mí sus albaceas, y encontramos literalmente montañas de cartas y documentos en la casa de Montpelier Crescent y en docenas de baúles almacenados en un guardamuebles. Daré un ejemplo de esta costumbre de ardilla o urraca. Cuando arreciaron los bombardeos, su hermano Raymond la animó —muy en contra de su voluntad— a trasladarse a Estados Unidos y establecerse en Florida. Estando allí compró una docena de botellas de agua de Seltz en un almacén; la carta del pedido y el recibo estaban archivados con los miles de documentos de gran o de ninguna importancia. Tiempo después devolvió las botellas vacías y encargó otra docena, que le enviaron sin descontarle el importe de los envases vacíos. Escribió una carta indicándoles su descuido y le enviaron un recibo con el abono de la diferencia. Todos esos documentos acabaron archivados, almacenados y enviados a Inglaterra al final de la guerra para terminar en el guardamuebles de Brighton.

Tengo la sensación de que lo que he escrito en los párrafos anteriores ofrecerá a quienes nunca la hayan visto u oído una imagen parcial e inexacta de Elizabeth. No permite hacerse una idea del hechizo y la gracia que los años y el egoísmo no habían logrado destruir. Virginia la fascinaba y creo que nos tenía aprecio a ambos. En los veranos antes de la guerra, cuando pasábamos agosto y septiembre en Rodmell, Octavia llevaba de vez en cuando a Elizabeth a vernos y nos sentábamos a charlar en el jardín debajo del castaño. Tenía el don, frecuente entre las irlandesas y las mujeres sureñas de Estados Unidos, de contar historias de su juventud de un modo poético y novelesco. Elizabeth tenía una voz preciosa; como buena actriz sabía ser e interpretarse a sí misma: la joven en el Sur Profundo, en la casa de color blanco, el lánguido calor, la vida cómoda y opulenta, la familia a la que adoraba, la abuela dominante y arrolladora. A Virginia y a mí nos fascinaba aquella historia.

En verano de 1939 y la primera mitad de 1940 vimos a Elizabeth y a Octavia de vez en cuando y fuimos en ocasiones a verlas a Brighton. A finales de 1940 convencieron a Elizabeth de que se trasladara a Estados Unidos, pero seguimos viendo a Octavia. A todos los efectos, se había convertido en la médico de Virginia, así que cuando empecé a intranquilizarme por su salud psicológica a principios de 1941 se lo conté a Octavia y le pedí su opinión profesional. La desesperante dificultad que se presentaba siempre que Virginia caía bajo la amenaza de una crisis nerviosa

—una dificultad que, en mi opinión, ocurre una y otra vez, en las enfermedades mentales— consistía en decir hasta qué punto era seguro animarla a dar pasos —pasos drásticos— para evitar el ataque. Los pasos drásticos consistían en meterse en cama, reposo absoluto y mucha comida y mucha leche. Pero parte de la enfermedad consistía en negar la propia enfermedad y rechazar la cura. Siempre había el peligro de llegar al punto en que, si uno seguía animándola a dar los pasos necesarios, únicamente conseguiría aumentar no solo su resistencia sino también su terrible depresión. La comida, en cualquier caso, era un problema debido al racionamiento y la escasez, y en enero y febrero Octavia, que tenía una granja en Henfield con un rebaño de vacas de Jersey, adoptó la costumbre de ir a tomar el té con nosotros una vez a la semana y llevarnos leche y nata.

Doce días después del «pozo de depresión de Virginia», su tristeza había desaparecido y escribió en su diario: «¿Por qué he estado deprimida? No lo recuerdo». Eso fue el 7 de febrero, y el 11 de febrero nos quedamos dos noches en Cambridge y visitamos Hogarth Press en Letchworth. A Virginia pareció gustarle la acostumbrada visita a Cambridge para ver a Pernel Strachey, decano de Newnham, y cenar con Dadie Rylands en el King's College. Después tuvimos una ronda de visitas: Elizabeth Bowen que se quedó dos noches, luego Vita Sackville-West y Enid Jones. Una vez más, Virginia pareció pasarlo tan bien que empecé a estar más tranquilo. Tal vez pueda apreciarse su estado de ánimo en el hecho de que el 26 de febrero escribiera lo siguiente en su diario:

> Ayer en el tocador de señoras del Sussex Grill de Brighton oí: «No es más que una estirada. No me gusta. Aunque a él nun-

ca le han gustado las mujeres corpulentas (y lo mismo a Bert). Tiene los ojos tan azules. Como estanques azules. Lo mismo que Gert. Tienen los mismos ojos. Pero ella tiene los dientes un poco separados. En cambio los de él son blancos y maravillosos. Siempre los ha tenido así. Qué bien tener a los chicos. [...] Si no va con cuidado acabará en un consejo de guerra».

Aquellas mujerzuelas vulgares se dedicaban a pintarse y empolvarse la nariz mientras yo estaba sentada tras una puerta muy fina m—ndo lo más discretamente posible.

Luego en Fuller's. Una mujer gruesa y bien vestida con un sombrero rojo de caza, perlas y una blusa de cuadros, hinchándose a comer pasteles. Su harapienta subordinada también zampando. Enfrente, la furgoneta de Hudson's descargando bizcochos. La mujer gruesa era de faz pálida y decadente y parecía una magdalena. La de la otra daba la impresión de estar levemente atormentada. Comían y comían sin parar. Hablaban de una tal Mary. «Pero si está enferma tendrás que ir con ella.» «Eres la única...» «Pero ¿por qué iba a estarlo...?» «Abrí la mermelada, pero a John no le gusta. Y tengo dos libras de galletas en la lata en el piso de arriba...» Tenían pinta de vulgares parásitos. Luego recontaron los pasteles. Y pasaron el resto del tiempo hablando con la camarera. ¿De dónde sale el dinero para alimentar a esas babosas pálidas y gordas? Brighton es el paraíso de las babosas. Empolvadas, consentidas, levemente vulgares. Las imaginé en una casona de Sussex Square. Fuimos en bicicleta. Irritados como de costumbre por la blasfemia de Peacehaven. Helen la ha fastidiado, me refiero a la casa que le conseguí con X, el día que X comió aquí con Vita; me siento desaliñada y fría, y ella es frágil y nerviosa. Ya no damos largos paseos. Gente a diario. Mi mente es un torbellino. Y algunos espacios en blanco. La comida se ha convertido en una obsesión. Me duele tirar un bollo de pimienta. ¡Qué época más extraña es la guerra! Da igual. Aventura. Materializada. Pero ¿volveré a escribir una de esas frases que me producen un placer tan intenso? No hay eco en Rodmell..., solo aire estéril. [...] Pasé la tarde en la escuela pintando papel con aguadas. La señora D está descontenta y ha dicho: «Comparados con los niños londinenses, estos críos carecen de vida», y así repitió mi propio comentario tras aquella lánguida reunión en Chavasses. Carecen de vida, y por eso se aferran a nosotros. He ahí mi conclusión. Pagamos el precio por nuestro reinado en sociedad con un aburrimiento infernal.

Hay indicios ominosos en esta entrada. Acababa de terminar *Entre actos* y me lo había dado para que lo leyera. Enseguida reparé en dichos síntomas y volví a intranquilizarme. Después de la entrada en su diario del 26 de febrero que acabo de citar solo hay otras dos antes de que se suicidara el 28 de marzo, una el 8 de marzo, que incluí en parte en *Diario de una escritora*, y la última el 24 de marzo. Reproduzco ahora la parte no publicada de la entrada del 8 de marzo y la entrada final del 24 de marzo, pues muestran, creo que muy claramente, el estado de su mente esos últimos días:

>Domingo, 8 de marzo
>[...] La otra noche analicé con L. mi complejo con la Biblioteca de Londres. El súbito terror se ha desvanecido; ahora me rechazan por la comida con H. Hamilton a la que me negué a asistir. Para equilibrar la cosa, escribí a Stephen y a Tom; y es-

cribiré a Ethel para que me invite; y luego a la señorita Sharp, que me regaló un ramillete de violetas. Eso para compensar la vista de Oxford Street y Piccadilly que tanto me obsesiona. ¡Dios mío, sí! Me sobrepondré. Es cuestión de estar adormilada y con los ojos bien abiertos: dejar que una cosa ocurra detrás de otra. Y ahora a cocinar la merluza.

24 de marzo
Tenía una nariz como el duque de Wellington, dientes de caballo y ojos fríos y saltones. Cuando entré estaba sentada en una silla de tres patas con la labor entre las manos. Un broche en forma de flecha en el cuello. Y antes de que pasaran cinco minutos nos dijo que dos de sus hijos habían muerto en la guerra. Eso daba la impresión de ser digno de crédito. Daba clases de costura. Todo en la habitación era pardo y brillante. Sentada allí traté de hacerle algún cumplido. Pero perecieron en el [?] océano que había entre nosotros. Y luego nada.

Una sensación curiosa de aire marino en el ambiente de hoy. Me recuerda el apartamento en una procesión de Semana Santa. Todo el mundo se inclinaba contra el viento, callados. Toda la pulpa extraída.

Este rincón ventoso y Nessa está en Brighton y yo estoy imaginando cómo sería si pudiéramos lograr la comunión de las almas.

La historia de Octavia. ¿Podría incluirla de algún modo? La juventud inglesa en 1900.

Dos largas misivas de Shena y O. No he tenido ocasión de leerlas, pero me alegro de haberlas recibido. L. está podando los rododendros.

Shena era lady Simon de Wythenshawe. Lo de la historia de Octavia alude a un vago plan de Virginia. Siempre que Octavia venía a vernos, Virginia trataba de que le «contara la historia de su vida», y tenía la vaga idea de convertirla en un libro. Esta entrada deja bien claro que, incluso cuatro días antes de su suicidio, estaba pensando en escribir un nuevo libro. Por otro lado, hay indicios de una profunda perturbación en esas últimas entradas. Hay una nota en mi diario del 18 de marzo señalando que no se encontraba bien, y la semana siguiente me fui preocupando cada vez más. No estoy seguro de que no intentara suicidarse sin éxito a principios de semana. Fue a dar un paseo por los prados bajo la lluvia y yo salí, como hacía a menudo, a su encuentro. Volvió campo a través, empapada, enferma y temblorosa. Dijo que se había resbalado y había caído en una de las acequias. En aquel momento no sospeché nada, aunque experimenté una inquietud desesperada y casi automática. El viernes 21 de marzo, Octavia vino a tomar el té y le conté que, en mi opinión, Virginia corría peligro. El lunes 24 de marzo estuvo ligeramente mejor, pero dos días después comprendí que la situación era muy peligrosa. Una depresión desesperante se había abatido sobre Virginia; sus ideas se sucedían unas a otras sin control; le aterrorizaba la locura. Era evidente que en cualquier momento podía suicidarse. La única oportunidad era que se rindiera y admitiera que estaba enferma, pero se negaba a hacerlo. Octavia había venido a vernos una vez a la semana para llevarnos nata y leche. Esas visitas eran para Virginia puramente amistosas, pero yo le había contado a Octavia lo mal que se estaba poniendo y, desde nuestro punto de vista, las visitas eran en parte médicas. El miércoles 26 de marzo, me convencí de que el estado mental de Virginia era aún peor de lo que había sido aquellos días aciagos de agosto de 1913, cuando había sufrido una crisis nerviosa total y un intento de suicidio. Volví a enfrentarme a la terrible decisión que había tenido que tomar entonces. Era esencial que se resignara a aceptar su enfermedad y a someterse al drástico régimen que era el único modo de librarla de la locura. Pero estaba al borde de la desesperación, la insania y el suicidio. Tenía que obligarla a enfrentarse a la inminencia del desastre para que aceptara la triste realidad de que era el único modo que tenía de evitarlo, y sabía al mismo tiempo que una palabra equivocada, la más mínima presión, incluso la mera formulación de la verdad podría bastar para empujarla al suicidio. El recuerdo de 1913, cuando la entrevista con el doctor Head la había llevado a intentar suicidarse, me obsesionaba.

Sin embargo, había que tomar una decisión y afrontar las consecuencias, aun conociendo los riesgos; y decidiese lo que decidiese, los riesgos eran enormes. Le sugerí a Virginia que fuese a ver a Octavia y le pidiera consejo no solo como amiga, sino como médico. Ella aceptó y al día siguiente la llevé en coche a Brighton. Estuvo hablando un buen rato con Octavia a solas y luego Octavia vino a verme al salón de Montpelier Crescent y discutimos lo que debíamos hacer. Estábamos charlando junto a la ventana cuando de pronto pasó volando sobre nuestras cabezas un bombardero alemán a lo largo de la calle; el rugido de los motores se fue alejando hacia el mar y casi inmediatamente después oímos el estallido de las bombas. Nos hallábamos tan absortos en nuestro problema y tan inmersos en la conversación que al principio no reparamos conscientemente en aquel ruido y aquella imagen, y solo después de dejar Brighton, cuando íbamos en el coche de vuelta a Lewes, recordé de pronto la imagen del enorme avión sobre nuestras cabezas y el estrépito de las bombas. Parecía posible que la conversación con Octavia hubiera causado algún efecto en Virginia, y quedamos en que volvería a verla en Rodmell al cabo de uno o dos días. Pensamos que no era seguro hacer nada más de momento. Sin embargo, era precisamente cuando tendríamos que haber corrido el riesgo, pues o bien forzábamos la solución —lo que habría significado vigilancia constante por parte de enfermeras cualificadas— o solo conseguiríamos hacerle la vida insoportable si era yo quien trataba de vigilarla constantemente. La decisión fue un error y condujo al desastre. Al día siguiente, el 28, pasé la mañana en el jardín convencido que ella se hallaba en la casa. Pero cuando entré a comer a la una en punto, no estaba allí y encontré la siguiente carta en la repisa de la chimenea del salón:*

* Luego encontré la carta siguiente entre los folios de su escritorio. A eso de las once de la mañana el 28 de marzo había ido a verla a su habitación y la había encontrado escribiendo en esos folios. Entró en la casa conmigo y los dejó en su habitación. Creo que debió de escribir la carta que dejó para mí sobre la repisa de la chimenea (y una carta para Vanessa) en la casa inmediatamente después.

Querido:
Quiero decirte que me has proporcionado la felicidad más absoluta. Nadie podría haber hecho más de lo que tú has hecho. Por favor, créeme. Pero sé que no me recuperaré y estoy arruinando tu vida. Nada que diga nadie podrá convencerme. Puedes trabajar y estarás mucho mejor sin mí. Solo quiero añadir que hasta que llegó esta enfermedad fuimos totalmente felices. Y todo fue gracias a ti. Nadie podría haber sido tan bueno como lo has sido desde el primer día hasta hoy. Todo el mundo lo sabe.
V.
Encontrarás las cartas de Roger a Mauron en el cajón del escritorio de la casa de los guardeses. ¿Destruirás todos mis papeles?

Querido:

Estoy convencida de estar enloqueciendo de nuevo. Creo que no resistiré otra de esas épocas terribles. Y que esta vez no me recuperaré. Empiezo a oír voces y no puedo concentrarme. Así que voy a hacer lo que me parece mejor. Me has proporcionado la mayor felicidad posible. Has sido, en todos los sentidos, todo para mí. No creo que haya habido dos personas más felices hasta que llegó esta terrible enfermedad. No puedo luchar más. Sé que te estoy amargando la vida, y que sin mí podrás trabajar. Sé que lo harás. Ya habrás notado que ni siquiera puedo escribir bien esta carta. No puedo leer. Quiero decirte que toda la felicidad de mi vida te la debo a ti. Has sido increíblemente bueno y paciente conmigo. Quiero decírtelo, aunque todo el mundo lo sabe. Si alguien hubiera podido salvarme ese habrías sido tú. Lo he perdido todo excepto la certidumbre de tu bondad. No puedo seguir echando a perder tu vida de este modo.

He aquí la carta que escribió a Vanessa:

Domingo
Querida:

No imaginas cuánto me gustó tu carta. Pero tengo la sensación de que esta vez he llegado demasiado lejos para volver. Ahora estoy segura de que estoy enloqueciendo de nuevo. Es igual que la primera vez, me paso el día oyendo voces y sé que no me recuperaré. Solo quiero decir que Leonard ha sido tan bueno siempre conmigo, que no imagino que nadie pudiera haber hecho por mí más de lo que ha hecho él. Hemos sido muy felices hasta las últimas semanas, cuando empezó este horror. ¿Se lo dirás? Creo que aún puede hacer muchas cosas y que seguirá mejor sin mí y tú le ayudarás.

Apenas puedo pensar con claridad. Si pudiera te diría lo mucho que habéis significado para mí tú y los niños. Creo que lo sabes.

He luchado, pero ya no puedo más.

VIRGINIA

No creo que haya habido dos personas que hayan sido tan felices como nosotros.

V.

Cuando no la encontré por ninguna parte de la casa ni en el jardín, tuve la certeza de que se había ido al río. Corrí por los campos y casi enseguida encontré su bastón tirado junto a la orilla. Estuve buscándola un rato y luego volví a la casa y llamé a la policía. Pasaron tres semanas hasta que encontraron su cadáver cuando unos niños lo vieron flotando en el río. El horrible trámite de la identificación y la investigación se llevó a cabo en el depósito de cadáveres de Newhaven el 18 y el 19 de abril. Incineraron a Virginia en Brighton. Yo estuve presente. Una vez le había dicho que, si debía de haber música en la cremación de alguien, debería ser la cavatina del cuarteto op. 130 en si bemol de Beethoven. Hay un momento en las cremaciones cuando se abren las puertas del crematorio y el ataúd se desplaza lentamente hacia el interior, y hay un momento en mitad de la cavatina en que durante unos pocos compases la música, de una belleza increíble, parece avanzar dubitativa con un movimiento pulsátil y delicado, y si se interpretara entonces parecería estar empujando dulcemente al muerto hacia la eternidad y el olvido. Virginia estaba de acuerdo. Yo siempre había pensado que la cavatina podría interpretarse en su cremación o en la mía de manera que esos compases coincidieran con la apertura de las puertas y la música nos impulsara hacia el olvido eterno. Cuando hice los preparativos para el funeral de Virginia debería haberlo dispuesto de ese modo, pero no fui capaz. En parte se debió a que cuando fui a ver en lo alto del pueblo al viejo diácono a quien conocíamos desde hacía casi veinticinco años me pareció imposible hablar con él de la cavatina de Beethoven, y aún más imposible que pudiera proporcionarnos la música. Aunque también tuvo la culpa el horror contenido de las semanas anteriores, que me había dejado inerte y anestesiado. Fue como si me hubiesen golpeado hasta convertirme en un animal perseguido y agotado y solo acertara a arrastrarme hasta mi madriguera. De hecho (para mi sorpresa), durante la cremación se interpretó la danza de los «espíritus bienaventurados» del *Orfeo* de Gluck cuando se abrieron las puertas y el ataúd desapareció. Por la noche oí la cavatina.

Enterré las cenizas de Virginia al pie del gran olmo que hay junto a una extensión de césped del jardín llamada The Croft, que da al campo y a los prados. Había allí dos olmos muy grandes con las ramas entrelazadas a los que siempre habíamos llamado Leonard y Virginia. La primera semana de enero de 1943, una fuerte tormenta derribó uno de ellos.

2
Hogarth Press

Cuando estalló la guerra, Hogarth Press estaba en una situación floreciente. Un año antes, en 1938, había sufrido un cambio revolucionario en su constitución y gestión cuando me asocié con John Lehmann después de que Virginia le vendiera formalmente el cincuenta por ciento de sus intereses en la editorial; de ese modo John y yo pasamos a tener derechos iguales en el negocio, aunque él fuese a hacerse cargo de la gestión diaria. En 1931, a los veinticuatro años, y sin la menor experiencia en el mundo editorial, había empezado a trabajar con nosotros como director, pero como relaté en *Downhill All the Way*, el proyecto no tuvo éxito y nos dejó en 1932. Los seis años transcurridos desde su partida hasta su regreso como socio, yo había dirigido la editorial por mi cuenta y a mi manera con una directora y había abandonado la idea de encontrar un socio. Tanto Virginia como yo disfrutamos mucho aquellos seis años dedicados a publicar por nuestra cuenta y a nuestro modo. Si a uno le gusta la literatura, como era nuestro caso, resulta muy gratificante encontrar buenos escritores y publicar personalmente sus obras. Creo que en esos seis años reunimos un catálogo notable. Empezamos a publicar la poesía de Rilke en traducción de Leishman: los *Poemas* en 1934, el *Réquiem* en 1935, los *Sonetos a Orfeo* en 1936 y los *Últimos poemas* en 1938. He aquí algunos de los otros libros que publicamos en ese período: el *Estudio autobiográfico* (1935) e *Inhibiciones, síntomas y ansiedad* (1936), de Freud; *Mr. Norris cambia de trenes* (1935) y *Lions And Shadows* (1938), de Isherwood; *La gramática del amor* (1935), de Ivan Bunin; *En una provincia* (1934), de Laurens van der Post; *The Amberley Papers* (1937), de Bertrand Russell; *Pepita* (1937), de Vita Sackville-West (1937); *Los años* (1936) y *Tres guineas* (1938), de Virginia.

Desde mi punto de vista, el negocio era todo un éxito financiero. Nunca lo consideramos un medio de ganarnos la vida. Siempre lo había tenido por un trabajo de media jornada, o más estrictamente de un cuarto de jornada, y los dos nos habíamos resistido de manera deliberada a convertirlo en un negocio a mayor escala. Estábamos decididos a publicar tan solo libros que nos pareciera que valían la pena y nuestro objetivo era limitar nuestra lista a un máximo de unos veinte libros nuevos por año, lo cual no era nada fácil. A menudo nos ofrecían obras que, como suele decirse, «cualquier editor querría tener en su catálogo», pero que rechazábamos porque habrían hinchado la lista más de lo que queríamos. Nuestro interés en el negocio de escribir y publicar libros también nos llevaba a tener continuamente ideas para libros o colecciones nuevas, y, cuando nuestro entusiasmo nos inducía a escribirlos nosotros mismos, la lista se volvía más larga de lo deseable. Por ejemplo, un año antes de que llegase John empecé una colección que titulé «Creadores y agitadores del mundo». Era una serie de breves biografías para jóvenes que intentaba narrar la historia a través de las vidas de grandes hombres y mujeres, y al mismo tiempo presentarla desde un punto de vista moderno e ilustrado. Mi esperanza había sido que se utilizasen en las escuelas, pero por desgracia no se cumplió, y, aunque vendimos toda la edición de los cuatro libros publicados, no conseguimos las ventas previstas y abandonamos el proyecto. En parte se debió al hecho de que pronto nos vimos superados por la guerra y por la dificultad de conseguir papel. Pero aún sigo pensando que la idea era buena y los cuatro primeros libros fueron muy interesantes. Eran: *Sócrates*, de Naomi Mitchison y R. H. S. Crossman; *Juana de Arco*, de Vita Sackville-West; *Mazzini, Garibaldi y Cavour*, de Marjorie Strachey; y *Darwin*, de L. B. Pekin.

Antes he dicho que, en 1935, Hogarth Press era un éxito financiero. En los tres años antes de que John entrase a formar parte de ella, nos supuso unos ingresos anuales de más de mil libras. Para tratarse de un trabajo de un cuarto de jornada no estaba nada mal, pero de hecho ni Virginia ni yo necesitábamos (o queríamos) ganar mil libras al año publicando libros. Ganábamos lo suficiente escribiendo para vivir como queríamos sin tener que preocuparnos por el dinero. Sabíamos el tipo de vida que nos gustaba y no lo habríamos cambiado por mucho que hubiésemos ganado. En 1935 nos iba mucho mejor que en 1925, pero en lo fundamental no habíamos cambiado nuestra forma de vivir. Está muy bien tener mucho dinero, sobre todo si antes uno ha tenido poco o ninguno. Hay dos razones por las que es así: en primer lugar, porque cuando se tiene mucho dinero ya no es necesario pensar en él; en segundo, porque se puede vivir de manera más cómoda. Nosotros opinábamos que funciona de una manera misteriosa y a menudo inesperada. Por ejemplo, el sistema doméstico victoriano, en el que ambos nos habíamos educado, daba por sentado que la comodidad dependía de tener criados en la casa, y en los años veinte todavía teníamos una cocinera y una doncella. Pero en realidad es mucho más cómodo no tener criados, siempre que uno tenga dinero suficiente para organizar su vida sin ellos. Solo cuando empezamos a tener suficiente dinero, prescindimos de la comodidad de tener una cocinera. Compramos cosas que era fácil preparar uno mismo. Y dos casas en el pueblo. En una pusimos a Percy, un jardinero, y en la otra a Louie Everest, una joven casada.

Percy y Louie eran dos notables descendientes de un largo linaje de trabajadores agrícolas con las raíces profundamente hundidas en el suelo de Sussex. Percy, ya fallecido, vivió en mi casa y cultivó mi jardín durante veinticinco años; Louie sigue viviendo en la otra casa y trabajando para mí después de treinta y seis años. Percy me resultaba muy simpático, aunque era el hombre más obstinado que he conocido en mi vida. Cuando llevaba conmigo más de veinte años tuvo cataratas en ambos ojos y unos años después fue al hospital a que lo operasen. De haberse practicado, la operación habría sido un éxito casi con toda seguridad, pero, por alguna razón inexplicable, dos días antes de que se llevara a cabo se enfadó mucho en mitad de la noche, dijo que no quería operarse y que deseaba marcharse del hospital cuanto antes. Hizo que las enfermeras llamasen a su mujer, que llegó a primera hora de la mañana en un taxi y se lo llevó a casa. Su vista siguió empeorando, y los últimos años de su vida los pasó totalmente ciego. Parecía sacado de una novela de Balzac, o tal vez de Zola, o de un cuento de Maupassant; era muy, muy inglés, un personaje nada raro en la Inglaterra rural de la época de Shakespeare. Es raro que, pese a ser tan inglés, se me ocurran tres autores franceses en cuyas páginas uno podría habérselo encontrado y ninguno inglés. Basta con escribir eso para que, por supuesto, se alcen ante uno Hardy y toda su galería de patanes. Pero Percy y muchos de los trabajadores agrícolas de Sussex que he conocido no encajarían en las novelas de Wessex. Había en ellos un elemento de triste y granítica tragedia muy cerca de la superficie que se diferencia mucho de la tragedia fatalista característica de una región más dulce y amable como Dorsetshire. Como digo, se habrían encontrado más a sus anchas en Bretaña y en Normandía con los campesinos de Zola o Maupassant.

La mujer de Percy, que procedía de una clase social diferente, pues su padre había sido dueño de un molino en East Anglia, heredó más de diez mil libras de una tía suya. Tras convertirse en rentistas acomodados, apenas alteraron su modo de vida, pues siguieron viviendo en mi casa y Percy continuó trabajando como jardinero hasta que se quedó ciego. Luego compraron una casa en Lewes.

Como he dicho, Louie es un personaje no menos notable que Percy. Su inteligencia natural es extraordinaria y posee esa rara curiosidad impersonal que los griegos reconocían como la base de la filosofía y la sabiduría. Como patrón suyo la he conocido en su vida diaria a lo largo de treinta y seis años, y, aunque es astuta, crítica y escéptica, nunca la he oído quejarse y es, según creo, la única persona que he conocido que está siempre alegre y encuentra motivos para estarlo.

Gracias a Percy y a Louie vivimos cómodamente sin criados mientras estuvimos en Rodmell, y sólo cuando estuvimos un poco más desahogados pudimos permitirnos pagarles su sueldo.

Los ingresos anuales de mil libras procedentes de Hogarth Press contribuyeron a ese desahogo, pero en 1938 no nos hacían falta. Al cabo de tres años, la gestión diaria de la editorial había acabado convirtiéndose en una carga. En esos días, yo publicaba el *Political Quarterly*, era miembro del Tribunal de Arbitraje de la administración pública, secretario de dos comisiones consultivas del Partido Laborista y trabajaba mucho para la Sociedad Fabiana. También escribía reseñas y de vez en cuando ejercía de redactor jefe del *New Statesman* cuando Kingsley Martin tenía que viajar al extranjero. Lo que más me apetecía era escribir libros, pero me costaba encontrar el tiempo necesario. Aunque consideraba mi labor en la editorial un trabajo de un cuarto de jornada, en realidad era la más exigente e insistente de todas mis actividades. Nos ataba al sótano de Tavistock Square de un modo que a ambos nos resultaba fastidioso, pues, como ocurre siempre con los negocios que lleva una sola persona, era muy difícil desconectar del trabajo durante mucho tiempo.

Así que en 1938 habíamos vuelto a la más bien absurda situación en que nos encontramos entre 1923 y 1932. ¿Debíamos abandonar la empresa o intentar una vez más que se nos uniera alguien que se ocupara de su gestión diaria? Cuando John Lehmann reapareció como caído del cielo, o más bien del continente europeo, y nos llamó, quedó claro que, a pesar de su brusca marcha de la editorial en 1932, consideraba aquello agua pasada y estaba deseando volver a trabajar en ella. En los dos volúmenes de su autobiografía ha contado su propia versión de su regreso, de los siete años en que fue mi socio y de su segunda brusca despedida en 1945. La visión del pasado que tiene cada cual está más o menos distorsionada por sus propias emociones y prejuicios personales, y mi recuerdo de lo que ocurrió en la editorial en esos años turbulentos de 1938 a 1945 difiere, como es lógico, en algunos aspectos del de John. Él afirma que primero le ofrecimos venderle sin más la editorial, pero que no pudo reunir el dinero necesario. Siempre habíamos pensado dejar la empresa, pero no creo que pensáramos seriamente en vendérsela en 1938. Siempre quisimos formar una sociedad y no tuvimos dificultad en llegar a un acuerdo.

Si nosotros aportamos Hogarth Press, con todo lo que había publicado en sus veintiún años de existencia, John nos aportó a nosotros y a la editorial *New Writing*. *New Writing* era, con razón, la niña de los ojos de John, su mascota editorial. Era una buena mascota y estaba orgulloso de ella con mucha razón. En 1932, cuando trabajó con nosotros como director, publicamos el volumen 24 de la «Colección de Poetas Vivos», de Hogarth Press, un delgado volumen editado por Michael Roberts y titulado *New Signatures*, y luego, en 1933, un año después de marcharse John, publicamos *New Country*, una antología de «prosas y poesías de los autores de *New Signatures*», también editado por Michael Roberts. *New Signatures*, cuya idea fue obra de Roberts y John, supuso un hito de la poesía moderna. Incluía obras de nueve poetas. Antes de 1931 ya habíamos publicado alguna cosa de seis de ellos: C. Day Lewis, Julian Bell, Empson, Eberhart, William Plomer y el propio John Lehmann, sobre todo en los dos volúmenes de poesía de Cambridge. Roberts y John trajeron tres nuevos poetas: Auden, Stephen Spender y A. S. J. Tessimond. En *New Country* Michael Roberts lanzó la red aún más lejos, pues además de los nueve originales incluyó entre otros a Christopher Isherwood (cuya novela *The Memorial* habíamos publicado en 1932),

John Hampson (de quien habíamos publicado *Noche de sábado en Greyhound* en 1931), Rex Warner y Edward Upward. Esos dos volúmenes que editó Roberts señalarían, como subrayaron P. Stansky y W. Abrahams en *Journey to the Frontier*, «el principio, el punto formal de partida del movimiento poético de los años treinta», pues incluyeron a todos los protagonistas excepto a uno (MacNeice) en dicho movimiento: Auden, Spender, Isherwood y Day Lewis.

Cuando John dejó la editorial en 1932, se fue a vivir a Viena y allí conoció la obra y en algún caso a los autores de la nueva generación de escritores de Austria, Alemania y Francia. Eso le dio la idea de «una revista en Inglaterra en la que pudieran colaborar personas que sostuvieran las mismas opiniones sobre el fascismo y la guerra sin tener que dar pruebas de doctrinaria pureza marxista. ¿Por qué no una revista en la que colaborasen los escritores de *New Signatures* y *New Country*, además de autores como Chamson, Guilloux y otros literatos "antifascistas" de otros países?».* El proyecto de una revista tuvo que abandonarse, pero en su lugar Allen Lane y The Bodley Head accedieron a publicar *New Writing*, un libro en tapa dura que aparecería dos veces al año. Isherwood, Spender, Plomer, Rosamond Lehmann y Ralph Fox ofrecieron su apoyo y sus consejos. *New Writing* lo publicó varios años The Bodley Head y luego pasó a publicarlo Lawrence & Wishart. En 1937 el contrato de John con Lawrence & Wishart estaba a punto de expirar y habían «perdido interés en *New Writing*»,** de modo que en 1938 estaba buscando un nuevo editor.

---

* *The Whispering Gallery*, de John Lehmann.
** *Ibid.*

Su entrada como socio en Hogarth Press puso fin a sus dificultades, pues le dimos la bienvenida tanto a él como a su mascota, *New Writing*.

Empezamos la publicación de *New Writing, New Series, N.º 1* en otoño de 1938; su portada anunciaba que estaba «editado por John Lehmann con la ayuda de Christopher Isherwood y Stephen Spender». En primavera y en otoño de 1939 se publicaron dos números más, pero cuando llegó la guerra y empezaron el racionamiento del papel y las dudas y dificultades de los editores, se hizo imposible continuar a la misma escala que antes. No obstante, siguió publicándose tras sufrir diversas metamorfosis y bajo nombres distintos hasta el final de la guerra. Primero se convirtió en *Folios of New Writing*, y quedó reducido a ciento cincuenta y nueve páginas comparado con las doscientos ochenta y tres del último número de *New Writing*. Luego se convirtió en *Daylight* en 1941, y se transformó en *New Writing and Daylight* en 1942.

Estos volúmenes eran una mezcla entre una revista literaria y un libro normal, publicado en tapa dura, de relatos, poesía, crítica literaria y política. Con el tiempo tendieron a convertirse no solo en una miscelánea, sino en una miscelánea de misceláneas. Pero cuando empezaron a publicarse eran tan notables como valiosos. El nivel de los colaboradores y de las colaboraciones era extraordinariamente alto. Un gran número de escritores británicos tanto de las generaciones más jóvenes como de las más veteranas estaba en la lista, unos habían aparecido ya en Hogarth Press y otros eran autores nuevos cuyo nombre acabó siendo reconocido. Siempre es agradable alabar a los famosos, he aquí algunos de los que colaboraron en aquellos volúmenes: Auden, Isherwood, Spender, Day Lewis, MacNeice, V. S. Pritchett, George Orwell y Henry Green. Antes de que la guerra nos aislara del continente muchos autores extranjeros, algunos muy conocidos, contribuyeron a la miscelánea, por ejemplo, Bertolt Brecht y Jean-Paul Sartre.

Los años de la guerra fueron una pesadilla editorial para Hogarth Press, igual que, supongo, debió de serlo para todos los editores. Lo peor de la pesadilla y lo que más nos obsesionaba eran la escasez y el racionamiento del papel. Tras acoger a John y a su mascota *New Writing* en la editorial, no estábamos dispuestos a dejarlos perecer de inanición, y utilizamos una considerable parte de nuestras exiguas reservas de papel para mantenerlos a ellos y a sus sucesores, aunque fuese en tamaño reducido, hasta el final de la guerra. Casi todos los editores de éxito viven financieramente hasta cierto punto gracias a libros publicados por ellos que se han convertido en clásicos mayores, menores o mínimos. El éxito de ventas, esa precaria zanahoria que pende siempre delante de los ojos anhelantes y de la nariz de incluso el menos asno de los editores, es muy emocionante y placentero cuando consigues obtenerlo, pero muy pocos editores viven de los éxitos de ventas. Los libros que hacen que el negocio siga siendo solvente y permiten al editor conciliar el sueño por las noches son los que a menudo se venden muy poco al principio pero acaban haciéndose un lugar y siguen vendiéndose al cabo de diez, veinte, treinta o más años. *Al faro*, de Virginia, que en Gran Bretaña vendió un total de siete mil ejemplares en sus primeros cinco años de existencia, pero en 1967, cuarenta años después de su publicación, vendió treinta mil, es un buen ejemplo de esa clase de libros. Cuando estalló la guerra, Hogarth Press tenía en su catálogo un número considerable de títulos así, que seguían vendiéndose año tras año y había que reeditar continuamente. Entre ellos se contaban todas las obras de Freud, y de hecho muchos de los libros de psicoanálisis de nuestro catálogo, todos los libros de Virginia, los de Vita Sackville-West y la poesía de Rilke. Era esencial, de ser posible, seguir reeditándolos, y tuvimos que dedicar parte de las reservas de papel a ese propósito.

Eso nos dejó muy poco papel para los nuevos escritores y para libros nuevos. Aunque nos las arreglamos para sacar algún título. Redujimos el catálogo de manera drástica: por ejemplo, solo hay seis libros anunciados en nuestro catálogo para la primavera y el verano de 1941. El nivel de lo que editamos fue, no obstante, bastante alto. Entre 1939 y 1945 publicamos *Entre actos*, *Una casa encantada* y *La muerte de la polilla*, de Virginia. Iniciamos la publicación de las novelas de Henry Green con *Viajando en grupo* y de las novelas y relatos de William Sansom con *Fireman Flower*. Publicamos libros de poesía de Rilke, Robert Graves, Cecil Day Lewis, William Plomer, Hölderlin, Terence Tiller, Vita Sackville-West, Laurie Lee y R. C. Trevelyan. Una de las sorpresas de la guerra, que no creo que previera ningún editor cuando empezó, fue que, a medida que se fue prolongando la contienda, se hizo posible vender cualquier cosa que uno llamara libro solo porque estaba impreso en papel y encuadernado. En 1945, debido a la escasez de papel, y por tanto de libros, cualquier editor podía vender un libro, siempre que pudiera imprimirlo, y en cualquier cantidad. Lo más sorprendente fue que descubrimos que también podíamos vender el material atrasado. Los libreros, y aparentemente los lectores, se abalanzaban como si fuesen éxitos de venta sobre novelas, biografías e incluso libros de poesía que habían quedado olvidados y sin vender antes de la guerra. En todo caso, al final de la guerra Hogarth Press había vendido todo su fondo editorial.

Al terminar la guerra, mi sociedad con John Lehmann llegó también a su fin. Tengo que hablar de ello porque influyó en el futuro de la editorial y en mi vida. John ha contado su versión de lo que ocurrió en el segundo volumen de su autobiografía *I Am My Brother* y, como es natural, yo veo las cosas de manera un poco distinta, porque las vi y aún hoy sigo viéndolas desde otra perspectiva y con otros prejuicios. Pero, aparte de las cuestiones personales, lo que ocurrió tiene, en mi opinión, una importancia notable porque nuestras discrepancias se debieron sobre todo a las dificultades y las posibilidades del pequeño editor.

Durante la guerra John actuó como socio y como director general. Le dejé las manos bastante libres y, teniendo en cuenta que ambos somos lo que yo llamaría un poco picajosos, las cosas fueron bastante bien. Tuvimos dos o tres violentos desacuerdos porque John quiso modificar los términos de nuestra sociedad, que establecían que no podía publicarse ningún libro a menos que los dos socios estuviésemos de acuerdo. Me negué a aceptar dicho cambio, porque me parecía una norma esencial para un pequeño negocio editorial con dos socios y un catálogo de libros cuidadosamente escogidos. Pero ese no fue el verdadero motivo de nuestro desacuerdo: el motivo fue que John quería «expandirse» y yo no. La bendita palabra «expansión» ha sido la perdición de muchas editoriales pequeñas. John cuenta ingenuamente en su autobiografía las razones que tenía para desear aquella peligrosa expansión. Después de la guerra, afirma, «comprendí que sería esencial dirigir Hogarth Press de un modo distinto: expandirnos para poder contratar al personal adecuado, tener ocasión de formar a directivos que pudieran quitarme de encima en lo posible los complejos y absorbentes detalles». Pero esa «expansión» es solo un eufemismo: lo que significa en realidad es que uno tiene que publicar más libros para poder pagar un aumento de sueldo al personal y hacer frente a los gastos generales; y, al publicar más libros, aumentan los gastos y el personal, y luego vuelve a ser necesario «expandirse», es decir, publicar más libros, para poder hacer frente a los aumentos de sueldo y a los gastos generales; y así *ad infinitum*, hasta la bancarrota o la absorción por parte de otra editorial. Y detrás de ese proceso circular hay otro cuyo peligro han ignorado John y muchos pequeños editores. Ese tipo de expansión supone no solo un mayor número de libros publicados y una mayor inversión en personal y en gastos generales, sino también la necesidad de contar con más y más capital. El pequeño editor que se expande para convertirse en un gran editor descubre con frecuencia que quizá sea grande, pero ya no controla el negocio: quienes le han proporcionado el capital se convierten en los amos de su casa.

En mi opinión, hoy hay dos modos de publicar libros. Uno es el negocio a gran escala con una oficina central en el centro de Londres, una plantilla numerosa y considerables gastos generales y financieros que acaban atando de pies y manos al editor hasta que termina vendiendo también su alma: tendrá muchos gastos y necesitará unas ventas cada vez mayores, que a su vez requerirán un catálogo de libros y autores cada vez mayor. En este tipo de negocio, el número de libros publicados depende en gran parte de la cantidad de capital invertida en él, de la cuantía de los gastos y de la escala de las inversiones, pues no es rentable publicar diez libros cuando el negocio y las inversiones están pensados para publicar cien. Como es lógico, la necesidad financiera de «expandirse», para aumentar las ventas y por tanto el número de libros que publicas, es poderosa y persistente. En un negocio bien establecido, con gestores y una maquinaria eficientes, este proceso es lógico dentro de unos límites y puede resultar rentable. Si uno obtiene beneficios vendiendo un millón de pastillas de jabón y aumenta la producción a dos millones es probable que aumente proporcional y absolutamente los beneficios si consigue vender los dos millones de pastillas de jabón. En un negocio a gran escala, lo que es válido para las pastillas de jabón también lo es para los libros. Pero no del todo. El problema con los libros es que las condiciones son mucho más inciertas que con las pastillas de jabón. Cada pastilla de jabón es exactamente idéntica a las demás, pero, por desgracia para el editor, todos sus libros son diferentes. Si uno obtiene beneficios publicando ciento cincuenta libros en 1968 y añade cincuenta más en 1969 hasta un total de doscientos, estará jugando, bajo la influencia de los gastos generales, con la suposición de que los cincuenta libros adicionales se venderán al menos tan bien y con tanto beneficio como los ciento cincuenta originales. Pero, como he dicho antes, el camino a la bancarrota está empavesado con los gastos generales..., y con libros que no se venden. Las editoriales grandes y bien establecidas, con suficiente capital y un nutrido catálogo de libros exitosos que siguen vendiéndose con regularidad, pueden capear sus pérdidas y gastos. El pequeño editor que decide «expandirse» no cuenta con un catálogo de libros con los que tener el pan garantizado y equilibrar las pérdidas y los gastos, y se ve constantemente acuciado por la necesidad de conseguir más capital. No resulta sorprendente que muy pocas de las editoriales pequeñas que deciden expandirse sobrevivan a la expansión.

En su autobiografía, John escribe: «A finales del verano (de 1945) decidí por fin que Leonard y yo habíamos llegado a un punto sin retorno: si nuestra sociedad seguía igual y ambos continuábamos teniendo derecho a vetar cualquier proyecto que propusiera el otro, no solo Hogarth Press se quedaría estancada sino también mi propia carrera, que acabaría viéndose frustrada». En el verano de 1945, terminada la guerra, yo no tenía ni idea de que hubiésemos llegado a «un punto sin retorno», un punto y un tópico que por temperamento tiendo a pasar por alto. Tal como he dicho, habíamos tenido desacuerdos, pero menos de los que, conociendo a John, había previsto. En los seis años que duró nuestra sociedad no había vetado nunca la publicación de un libro que quisiera publicar John, de modo que la imagen de la editorial estancada, y de los dos socios frustrados e incapaces de ponerse de acuerdo sobre qué libros publicar, era levemente hiperbólica, por no decir histérica.

Aunque John pensara que nos hallábamos en un punto sin retorno en el verano de 1945 y estuviese decidido a poner fin a la sociedad, no hizo nada durante varios meses y no me informó de sus intenciones. Así que, cuando un sábado por la mañana a finales de enero de 1946 recibí una carta suya informándome formalmente de que deseaba concluir nuestra sociedad, me llevé una buena sorpresa. Según el contrato de la sociedad, si cualquiera de los socios informaba al otro de su intención de poner fin a la sociedad, este tenía la opción de comprarle su parte. A vuelta de correo informé formalmente a John de que ejercería mi derecho y le compraría su parte.

Recibí la carta de John a la hora del desayuno y, cuando terminé de dar cuenta de los arenques y el café, ya había decidido qué iba a hacer con Hogarth Press. Antes de comer había logrado garantizar de manera satisfactoria su futuro. Nunca me he enfrentado de manera más repentina e inesperada a una crisis grave en mis asuntos y nunca la he resuelto de manera tan rápida, absoluta y provechosa. La suerte estuvo de mi parte, pues cuando entreví la posibilidad de la solución, encontré los medios para ponerla en práctica a la puerta de mi casa. Para ser exactos, a una milla y media de Rodmell, en el pueblo de Iford, donde vivían Ian y Trekkie Parsons. En los últimos tres años de la guerra nos habíamos hecho amigos íntimos, tal como contaré en un próximo capítulo. En el último año de la guerra, cuando Ian se encontraba con la Fuerza Aérea en Francia, Trekkie se alojó conmigo en Rodmell y yo les había ayudado a negociar el alquiler de una casa en Iford, a la que se mudaron en cuanto desmovilizaron a Ian.

Ian era uno de los directivos de Chatto & Windus, los otros eran Harold Raymond, Norah Smallwood y Piers Raymond. Le conté a Ian que John había puesto una pistola en mi sien y en el corazón de Hogarth Press, y le pregunté si él y los demás directivos estarían dispuestos a comprar la parte de John en la editorial por la suma que tendría que pagarle. Mi única condición fue que la editorial continuara siendo independiente y no acabara absorbida o controlada por Chatto, y que se mantuviera mi política general respecto al tipo de libros publicados y a la expansión. Seguiría desempeñando un papel activo en lo que se conoce como parte editorial del negocio; mientras que, la producción, las ventas, la distribución y la contabilidad correrían a cargo de Chatto & Windus a cambio de una comisión.

Chatto era una editorial de tamaño medio, aunque comparada con Hogarth Press podía considerarse grande. Era una de las pocas casas grandes en las que los directivos parecían tener una política sobre los libros y su publicación similar a la mía, y había muy pocos libros en nuestro catálogo que Chatto no se hubiera alegrado de publicar y viceversa. Estaba seguro de que no habría desacuerdos sobre el tipo y la cantidad de libros que publicaría la editorial. No había lugar a la absorción o el control financiero; Hogarth Press no necesitaba capital y nuestro objetivo común no sería la «expansión», sino mantener el carácter peculiar, la calidad y la escala de las publicaciones. Ian aceptó enseguida mi propuesta y la transacción se llevó a cabo con rapidez y eficacia. Luego Hogarth Press pasó a ser una sociedad limitada, y yo me convertí en director y, por un tiempo, en directivo de Chatto & Windus Ltd.

Casi siempre es un error creer que los acontecimientos le han dado a uno la razón, y hay un desagradable, engreído y morboso regodeo en decir: «Te lo advertí», aunque sea cierto que lo hicieras. Se lo dije a John más de una vez y tengo la desagradable y engreída satisfacción de creer que los acontecimientos me han dado la razón. John se marchó y puso en marcha su propia editorial, John Lehmann Ltd., y se dedicó a poner en práctica el programa de publicaciones que, según él, yo le había impedido llevar a cabo en Hogarth Press. Su relación con John Lehmann Ltd. duró solo siete años, y desde 1952 ya no se dedica a la edición. Eso, en mi opinión, es una pérdida tanto para el mundo de las editoriales como para él mismo. Posee una energía inmensa, tiene olfato para algunos aspectos del negocio de compraventa (poco frecuente entre los editores), y un gusto y un talento que deberían hacer de él un editor excelente. Que esas cualidades no le hayan procurado la merecida recompensa se ha debido a dos cosas: se toma la vida y a sí mismo demasiado en serio, pues no ha aprendido que nada, ni siquiera el «yo», *sub specie aeternitatis*, tiene verdadera importancia, y está demasiado convencido de que él tiene razón y los demás (incluido Leonard Woolf) se equivocan, lo cual es una generalización peligrosa.

En cambio, Hogarth Press sigue existiendo hoy y el año pasado (1967) celebró su medio siglo de existencia. No creo estar exagerando mis logros ni su valor, pues no los tengo en mucho. Pero, en los veintitrés años transcurridos desde que John dejó la editorial, Hogarth Press ha conservado su independencia y mantenido el carácter, la escala y la calidad de sus publicaciones. Lo cual puede verse comparando los libros anunciados para el otoño y la primavera de 1955 y 1965, diez y veinte años respectivamente después de que se fuera John:

1955

FICCIÓN

Flamingo Feather, de Laurens van der Post
A Contest of Ladies, de William Sansom
No Coward Soul, de Noel Adeney
The Honeymoon and a Religious Man, de Richard Chase

VIAJES

A Rose for Winter, de Laurie Lee

POESÍA

Poemas de 1906 a 1926, de Rainer Maria Rilke
Riding Lights, de Norman MacCaig

BIOGRAFÍA

Vida y obra de Sigmund Freud, de Ernest Jones
Cartas a Frau Gudi Nolke, de Rainer Maria Rilke
Raymond and I, de Elizabeth Robins

POLÍTICA

The Civil Service, editado por el profesor William Robson

MISCELÁNEA

Men and Gardens, de Nan Fairbrother
El ojo oscuro de África, de Laurens van der Post
Thomas Hardy's Notebooks, de Evelyn Hardy

PSICOANÁLISIS

Clinical Papers and Essays, de Karl Abraham
Clinical Papers and Essays on Psycho-Analysis, de M. Balint
The Psychology of the Criminal Act and Punishment, de Gregory Zilboorg
Selected Contributions to Psycho-Analysis, de John Rickman

1965

FICCIÓN

A Case Examined, de A. L. Barker
Throw, de Anthony Bloomfield
It's A Swinging Life, de Johannes Allen
Voyage, de Laurette Pizer
The Ulcerated Milkman, de William Sansom

BIOGRAFÍA

Léxico familiar, de Natalia Ginzburg

Mandate Memories 1918-1948, de Norman y Helen Bentwich

Living and Party Living, de Jiri Mucha

Apprentice to Power: India 1904-1908, de Malcolm Darling

LITERATURA

Virginia Woolf y su obra, de Jean Guiguet

Ensayos completos, de Virginia Woolf

Escritores contemporáneos, de Virginia Woolf

Essays on Literature and Society, de Edwin Muir

Living with Ballads, de Willa Muir

POESÍA

Measures, de Norman MacCaig

The Year of the Whale, de George Mackay Brown

MISCELÁNEA

The House, de Nan Fairbrother

PSICOANÁLISIS

A Psycho-Analytical Dialogue: The Letters of Sigmund Freud and Karl Abraham

Neuroses and Character Types, de Helene Deutsch

Collected Papers on Schizophrenia, de Harold, F. Searles

Normality and Pathology of Childhood, de Anna Freud

Psycho-Analytic Avenues to Art, de Robert Waelder

The Maturational Process and the Facilitating Environment: Studies in the Theory of Emotional Development, de Donald W. Winnicott

Psychotic States, de Herbert A. Rosenfeld
The Self and the Object World, de Edith Jacobson

Para tratarse de una editorial que publica tan pocos libros, Hogarth Press ha ganado un gran número de premios y reconocimientos en los últimos años. La señorita A. L. Barker es una de las mejores escritoras de relatos breves de Inglaterra, y consiguió tanto el primer premio Somerset Maugham como el premio del Festival de Literatura de Cheltenham de 1962. Hemos publicado dos libros que han ganado las mil libras del premio de literatura W. H. Smith & Son: *Sidra con Rosie*, de Laurie Lee, que publicamos en 1959, y el tercer volumen de mi autobiografía *Beginning Again*, publicado en 1964.

Uno de los logros mayores —y más difíciles— de la editorial fue la *Standard Edition of the Complete Psychological Works of Sigmund Freud* en veinticuatro volúmenes. Empezamos la publicación de dicha obra en 1953 y la completamos en 1966. Mucho antes de 1953 yo había intentado preparar la traducción inglesa de la monumental edición completa alemana y lo había hablado con Ernst y Anna Freud. Las dificultades fueron tan grandes que en aquel momento me parecieron insuperables y no creí que pudiéramos hacerlo nunca. Desde el principio fue evidente que el proyecto sería imposible a menos que pudiésemos llegar al público norteamericano además de al británico. Pero los derechos de autor de varios libros estaban en una situación tan confusa que daba la impresión de que sería imposible desenmarañarlos. En Gran Bretaña Hogarth Press había publicado todas las obras de Freud posteriores a 1924, y pensé que podríamos llegar a un acuerdo con los editores de los libros anteriores a 1924 para incluirlos en la *Standard Edition*. Pero los derechos de autor en Estados Unidos eran caóticos; algunos de los libros se habían traducido muy mal y tratamos sin éxito de que los derechohabientes nos permitieran volver a traducirlos. En otros casos era dudoso quiénes eran verdaderamente los dueños de los derechos. De no haber sido por Ernst Freud, no se habrían resuelto nunca esos aburridos problemas legales y personales. Después de la guerra, se trasladó a Estados Unidos y con mucho tacto y paciencia arregló todas las cuestiones legales y los delicados problemas personales. Eso me permitió continuar las negociaciones con los derechohabientes para incluir su propiedad en la *Standard Edition*. No tuvimos dificultades con los pocos editores ingleses, pero en Estados Unidos fue un asunto largo y delicado. Al final, todo se resolvió satisfactoriamente y fue posible seguir con la publicación por parte de Hogarth Press y el Instituto de Psicoanálisis. Tomamos la arriesgada —y a la larga provechosa— decisión de no buscar un editor estadounidense y limitarnos a vender la edición inglesa en Estados Unidos.

James Strachey tradujo los veintitrés volúmenes —el veinticuatro contiene el índice— con la colaboración de Anna Freud y la ayuda de Alix Strachey, su mujer, Alan Tyson y Angela Richards. Nosotros —y todo el mundo— tenemos una inmensa deuda con James. Su traducción de los veintitrés volúmenes es una obra maravillosa y le hizo merecedor, con toda justicia, del premio Schlegel-Tieck de traducción en 1966. Dudo que haya otra traducción de la misma extensión al inglés que resista la comparación con la suya en cuanto a brillantez y erudición. En octubre de 1966, el Instituto de Psicoanálisis ofreció un banquete para celebrar la finalización de la obra, y Anna Freud, James y yo pronunciamos sendos discursos. No es fácil para mí tratar con psicoanalistas —a pesar de lo simpáticos que me resultan muchos— en la vida privada, porque a menudo no pueden ocultar el hecho profesional de que saben o parecen saber no solo lo que uno piensa, sino también lo que no está pensando. Tener que levantarme vestido de etiqueta y pronunciar un discurso ante más de un centenar de psicoanalistas me intimidaba un poco, en parte porque sabrían 1) lo que estaba pensando, 2) que no estaba pensando lo que creía estar pensando y 3) lo que estaba pensando cuando no estaba pensando lo que creía estar pensando.

James Strachey murió inesperadamente en abril de 1967 antes de la finalización y publicación de los índices en el volumen vigésimo cuarto. Hoy, el 26 de agosto de 1968, cuando escribo estas líneas, el periódico *The Times* publica la necrológica de su hermana Philippa Strachey. Tenía noventa y seis años y era la última superviviente de los diez hermanos y hermanas a quienes hace casi setenta años vi por primera vez sentados a la mesa para cenar y enfrascados en una ensordecedora, hilarante y furiosa discusión en Lancaster Gate. Creo que debo hacer una breve pausa para decir unas palabras en recuerdo de James y Pippa. Prácticamente todos los cinco hijos y las cinco hijas de sir Richard y lady Strachey fueron personas notables. Eran intelectuales puros. Cada uno de ellos era una persona por derecho propio, algo cada vez más escaso, y tan individualistas que a mucha gente les parecían extraños, excéntricos y desconcertantes. Eran extremadamente inteligentes y divertidos; en el reino de las ideas eran emocionalmente apasionados, pero en el ámbito de las relaciones humanas, aunque afectuosos, eran, creo, fundamentalmente fríos y reservados. Conocí a James cuando era un niño en Saint Paul, y cuando fue al Trinity, en Cambridge. Toda su vida estuvo un poco ensombrecido por la mayor brillantez, fama y logros de Lytton. En casos fraternales parecidos, no es raro que el hermano con menos éxito acabe amargándose y, consciente o inconscientemente, le guarde rencor a su hermano e incluso al mundo en general. Jamás vi ni rastro de amargura en James. Adoraba a Lytton y se alegraba de su éxito. Se enfrentaba al mundo con una mezcla de desapego y reserva fría y distante, pero detrás de eso había una combinación de gran juicio y sentimiento. A diferencia de Lytton, carecía de originalidad o creatividad, pero su edición de Freud demuestra tanto su capacidad como la finura de su entendimiento.

Cuando, antes de licenciarme en Cambridge, conocí a Pippa Strachey, era una joven de veintinueve años. Poseía las dotes intelectuales de los Strachey: era extremadamente inteligente, entusiasta, muy crítica y tenía la cabeza rebosante de ideas. A diferencia de sus hermanas, Dorothy, Pernel y Marjorie, era físicamente atractiva y se enfrentaba a la vida y a las personas con una calidez espontánea y llena de encanto que era rara en la familia Strachey. Nunca he conocido a nadie que con una buena voluntad tan profunda y universal careciera además por completo del vicio congénito de la mayoría de las personas de buena voluntad: el sentimentalismo. No contemplaba la vida ni la gente a través de unas gafas de color de rosa; su actitud era una mezcla de lucidez, afecto, tolerancia, diversión y escepticismo. Parecía capaz de hacer que cualquier cosa fuese posible y divertida. Una vez apuntó a todos sus amigos, incluido yo, a unas clases en Lancaster Gate donde nos enseñó a bailar danzas escocesas. Aunque entre sus alumnos había gente tan poco prometedora como yo mismo o sir Ralph Hawtrey, del Tesoro, fue un gran éxito; cuando consideró que éramos lo bastante expertos celebró un baile en el salón de los Strachey, en el que el momento crucial consistió en una demostración de los alumnos de Pippa. Consagró su vida al servicio de la mujer como secretaria de la sociedad que acabó convirtiéndose en la Sociedad Fawcett. En esa labor demostró tener una gran capacidad administrativa y unas notables dotes intelectuales. Con esas habilidades, de haber sido hombre habría llegado casi con toda seguridad a un puesto muy alto. Que aceptara sin quejarse la injusticia de su propio destino y consagrara su vida a luchar contra las injusticias de los destinos ajenos formaba una parte esencial del encanto de su carácter. También lo era del afecto que yo sentía por ella.

Hogarth Press ha continuado siendo una editorial pequeña e independiente con un catálogo limitado deliberadamente a un máximo de unos veinte libros al año, aunque algunos años hemos publicado muchos menos. Nunca hemos publicado un libro por ningún otro motivo que el convencimiento de que merecía ser publicado, convencimiento, claro, que en ocasiones puede haber sido erróneo. Nunca nos hemos expandido, ni publicado una obra bajo la presión financiera de los gastos generales. Jamás nos ha faltado capital, pues, tal como he contado en *Beginning Again* y en *Downhill All the Way*, el capital total invertido en la editorial al cabo de cinco años de existencia era de ciento treinta y seis libras, dos chelines y tres peniques, y la mayor parte en gastos de imprenta, no de edición. Entonces las publicaciones se financiaban con los beneficios, y como año tras año, de 1917 a 1968, siempre hemos tenido beneficios y nunca he permitido que nos «expandiéramos», el problema de encontrar capital jamás llegó a plantearse porque la editorial encontraba su propio capital.

John Lehmann da a entender en su autobiografía que él y la guerra «convirtieron Hogarth Press en una propiedad moderadamente valiosa». Se trata de una ilusión complaciente y típica de él de la que no hay ninguna prueba. Lo más probable es que la editorial fuese un negocio más provechoso y una propiedad más valiosa antes de la guerra, y que lo mismo pueda decirse de todas las editoriales. No creo que la guerra beneficiara económicamente a ningún editor, de no ser porque nos permitió dar salida a los fondos editoriales que habían quedado sin vender; aparte de eso, Hogarth Press perdió a dos de los autores que mejor se vendían: Virginia y Vita. John añade que al final de la guerra pensó que «habría sido posible encontrar el capital necesario para la expansión». Pero repito que, hasta ese momento, nadie había invertido un penique en el negocio aparte de las ciento treinta y seis libras, dos chelines y tres peniques que había gastado para comprar la imprenta, los tipos y demás; nunca tuve que «encontrar capital» y nunca he tenido que hacerlo; el negocio contaba con su propio capital porque crecía despacio y con éxito. Cuando John se convirtió en socio, no invirtió dinero en la editorial, y cuando Ian me pagó su parte del negocio el dinero no fue a parar a la editorial en forma de capital, sino a mi bolsillo para poder pagar a John.

En los veintitrés años transcurridos desde que John la dejó puede decirse que Hogarth Press ha seguido con éxito la misma línea. El tipo de libros y de autores que publica no han cambiado. En 1968 publicamos bastantes menos libros que en 1938. Eso se debe a que, aunque sigo desempeñando un papel activo y me paso por la imprenta más o menos una vez por semana, la parte activa es más bien pasiva; es decir, me contento con los peces gordos que hay en la red o con los jóvenes que entran en ella, y ya no me aventuro mar adentro en busca de genios por descubrir. Esa, claro, es la esclerosis que afecta casi siempre a los editores exitosos y bien establecidos. Hogarth Press es particularmente vulnerable en ese sentido, tanto por su naturaleza como por su historia. Desde un punto de vista comercial, siempre fue una criatura anómala, cuya existencia dependió muchos años de Virginia y de mí. Continúa siendo en gran parte un producto personal, y un resultado de la feliz relación con Chatto & Windus es que no ha entrado nadie en el negocio que pueda sucederme en él. Así que es casi seguro que, cuando yo muera, Hogarth Press desaparezca también como entidad. No lo lamento. Deploro el hecho de tener que morir y ser aniquilado; personalmente, me gustaría vivir siempre. Pero, puesto que sé que voy a ser aniquilado, no me preocupan los pequeños detalles —mis libros, la editorial, mi jardín, mi recuerdo— que puedan persistir unos años después de mi muerte.

Por último, no puedo dejar la cuestión de la editorial y su enterramiento en mi tumba sin volver por un momento a si hoy sería posible hacer lo que llevamos a cabo en 1917: crear un floreciente negocio editorial, sin capital, ni personal y partiendo de cero. A menudo me preguntan si lo creo posible y a menudo gente con más experiencia que yo en el mundo editorial me dice que lo que logramos en 1917 fue un golpe de suerte y que hoy sería imposible para Virginia y para mí, o para cualquier otro, hacer algo parecido. No estoy convencido de que sea así. Es cierto que el negocio y por tanto el arte (suponiendo que sea un arte) de la edición han cambiado muchísimo en los últimos cincuenta años; en lo que respecta al sistema económico, industrial y financiero, vivimos en una era megalítica. El dominio de las finanzas y la industria por parte de gigantescas empresas con enormes capitales y beneficios se vuelve más intenso y generalizado en todas partes. Se dice que, a raíz de las absorciones y fusiones, el mundo editorial está controlado por las grandes empresas y que solo esos nuevos dinosaurios y megaterios pueden tener beneficios y publicar de manera eficiente. Los pececillos como Hogarth Press no pueden sobrevivir a menos que accedan a ser devorados por el Leviatán, la ballena gigante o el descomunal tiburón.

Como he dicho, no me convencen demasiado esos argumentos. Sin duda, hoy sería mucho más difícil llevar a cabo lo que hicimos en 1917. Tuvimos la suerte de contar con algunas ventajas. Los libros de Virginia resultaron ser un enorme activo potencial y constituyeron la roca económica en la que se fundó provechosamente la fortuna económica de Hogarth Press. Muchos de nuestros amigos íntimos eran escritores que llegaron a ser distinguidos e incluso famosos. No creo pecar de engreído al decir que tanto a Virginia como a mí se nos daba bien detectar el talento e incluso el genio literario en jóvenes escritores desconocidos, y el hecho de que yo fuese director literario del periódico *Nation* durante los primeros años de la editorial me proporcionó numerosas ocasiones para detectarlos. Una vez más, no creo pecar de engreído al afirmar que soy un buen hombre de negocios. En los siete años que pasé en Ceilán había aprendido finanzas, negocios y cómo gestionar una empresa. Tal como conté en *Growing*, debía mucho a Ferdinando Hamlyn Price, que me enseñó a ser un buen hombre de negocios. Luego, en Ceilán, mi experiencia de dos años y medio como jefe de distrito resultó valiosísima. Fui responsable de los ingresos y los gastos de la región, y tuve que encargarme de las cuentas. Sabía lo que me traía entre manos porque tuve que pasar un examen antes de ascender a administrador de distrito. Como agente del gobierno de Hambantota, además de todo lo relacionado con los gastos e ingresos gubernamentales, tuve la responsabilidad de dirigir una industria de tamaño medio: la manufactura, venta y distribución de sal, que era monopolio del gobierno. Soy, por naturaleza, un buen hombre de negocios, y hasta cierto punto disfruto con la administración, la organización, la gestión de las cuentas y las cifras y el trato con todo tipo de personas. Después de la administración, los negocios y las finanzas de un distrito de Ceilán, Hogarth Press parecía un juego de niños y un mero trabajo a tiempo parcial. La experiencia en los negocios que adquirí en Ceilán nos resultó muy útil en los primeros días de la editorial, sobre todo cuando los acontecimientos nos permitieron convertirla en un auténtico negocio de publicación de libros. Me permitió comprender y controlar las finanzas y adoptar conscientemente la política de limitar sus operaciones y resistir a la fatídica tentación de la expansión.

Las ventajas de que disfrutamos, y que acabo de describir, fueron, por supuesto, los cimientos del desarrollo y el éxito de Hogarth Press. Sería raro que cualquiera que quisiera fundar una editorial contara con tantos y tan buenos autores en su catálogo como Virginia y los demás escritores cuyos libros publicamos durante los primeros cinco años de Hogarth Press. Permítaseme recordar sus nombres por el orden de su aparición en nuestros catálogos de 1917 a 1922: Virginia y Leonard Woolf, Katherine Mansfield, T. S. Eliot, J. Middleton Murry. E. M. Forster, Hope Mirrlees, Logan Pearsall Smith, Gorki, Bunin, Dostoievski, y en los dos años siguientes publicamos libros de Roger Fry, V. Sackville-West y los *Collected Papers* de Freud. Es una considerable constelación de estrellas y una lista formidable de publicaciones. Además, probablemente sea raro que un intelectual como yo se tome la molestia de convertirse en un buen hombre de negocios. Pero no soy tan estúpido como para pensar que es imposible que puedan volver a darse las mismas condiciones. No hay razones para creer que mañana o pasado mañana no pueda haber un círculo de jóvenes escritores brillantes y desconocidos a quien alguien empiece a publicar a pequeña escala como hicimos nosotros en 1917. Y no hay razones para que no tenga éxito igual que lo tuvimos nosotros, siempre que sea un buen hombre de negocios y esté decidido a limitar sus operaciones y a negarse a escuchar los cantos de sirena de los John Lehmann que pueden arrastrar fácilmente a cualquiera a la Escila de la absorción y a la Caribdis de la bancarrota.

3
1941-1945

Después de la muerte de Virginia continué viviendo en Rodmell. Muchos de mis amigos pensaron que no debería seguir solo allí y se ofrecieron a quedarse conmigo o me invitaron a sus casas. De nada sirve tratar de engañarse pensando que uno puede escapar a las consecuencias de una gran catástrofe. El suicidio de Virginia y los horribles días que siguieron entre su desaparición y la investigación policial fueron como recibir un golpe en la cabeza y el corazón. Durante semanas mi pensamiento y mis emociones quedaron embotados. Me obsesionaban unas frases de Claudio en *Medida por medida*:

Yacer en frías cavidades y quedar allí para pudrirse

y

residir
en una región escalofriante de hielos espesos[21]

que me parecían aplicadas no a los muertos, sino a los vivos, y en concreto a mí. Me quedé donde estaba, porque, de hecho, no podía hacer otra cosa. No se puede escapar al Destino, y siempre he pensado que el Destino no se halla en el futuro, sino en el pasado. Poseo una buena dosis del inveterado e inmemorial fatalismo de los judíos, que han aprendido de su propia historia, iniciada hace tres mil cuatrocientos veintiocho años —o eso dicen— bajo los capataces del faraón en Egipto, continuada hace dos mil quinientos cincuenta y cuatro años en el cautiverio, cuando Nabucodonosor era rey de Babilonia, y luego con la diáspora y las enseñanzas de siglos de pogromos y guetos, hasta las lecciones de Hitler y sus cámaras de gas. Así hemos aprendido que no se puede escapar del Destino, porque no se puede escapar del pasado, y el resultado es una resistencia pasiva interna y un continuo e invencible dominio de uno mismo.

De manera que seguí viviendo en Rodmell, porque no tenía dónde quedarme en Londres, ya que las bombas habían dejado inhabitable la casa de Mecklenburgh Square. El esqueleto o andamiaje de mi vida continuó siendo el mismo. Después de la muerte, el sueño y el cloroformo, el trabajo es el anestésico más eficaz para el dolor, ya se trate de un dolor en el dedo gordo del pie, en un diente, en la cabeza o en el corazón. Trabajar y trabajar de firme formó parte de la religión de los judíos de la generación de mi padre y de mi abuelo. Supongo que durante cientos de años, en el gueto, uno tenía que trabajar con esfuerzo para seguir con vida, igual que mucho tiempo antes, cuando Adán oyó la voz del Dios judío que se paseaba por el jardín tomando el fresco y le oyó decir: «Con el sudor de tu frente, comerás el pan, hasta que vuelvas a la tierra, porque de ella te sacaron. ¡Pues eres polvo y al polvo volverás!». Dudo que haya una gran diferencia en los genes y los cromosomas de las diversas tribus, razas y nacionalidades que han heredado y asolado la tierra, pero sus modos de vida, sus leyes, tradiciones y costumbres, el impacto fortuito y la lógica de la historia y los acontecimientos han moldeado de manera gradual la forma de pensar y la personalidad de todas ellas de modo que a menudo difieren profundamente unas de otras. En mi opinión hay —o hubo— una tradición consciente o inconscientemente inculcada a los judíos que asegura que es necesario trabajar y trabajar de firme, y que el trabajo, el sudor del cerebro y no solo de la frente, es una ocupación adecuada, e incluso noble, para todos los hijos de Adán. Creo que mi padre había observado esa tradición y que la obedecía de manera instintiva, y que, a pesar de lo joven que yo era cuando murió, también la observé y la obedecí a mi vez de forma instintiva. No creo poseer el «sentido del deber» tal como se entiende habitualmente, pero siempre he sentido la necesidad y la obligación de trabajar de firme todos los días de mi vida.

En el colegio me esforcé muchísimo —tanto en la escuela elemental como en Saint Paul— y allí encontré por primera vez una tradición totalmente opuesta a la mía en lo que se refiere a la ética del trabajo. Fue en el colegio donde muy pronto oí por primera vez la palabra «empollón»: «es un sucio empollón». La palabra recuerda al calor y al sudor y evoca la voz del Dios judío que se pasea por el jardín tomando el fresco. En mi juventud, la tradición de los colegios privados ingleses era —llevaba siéndolo más de cien años— la tradición aristocrática que desprecia el trabajo y al trabajador. Se había extendido por todo el sistema educativo. Incluso los profesores de mi escuela elemental en Brighton y en Saint Paul —la mayoría habían ido a colegios privados— despreciaban al sucio empollón y con frecuencia demostraban el desprecio que les inspiraba. Un caballero se tomaba en serio el críquet y el rugby, pero no el trabajo. Pronto reparé en la diferencia de valores de mi actitud respecto al empollón y la de los demás chicos y los maestros de mi escuela elemental de Brighton cuando fui allí a los doce años, en 1892. No dije nada, pero, como soy por naturaleza obstinado y testarudo, trabajé muchísimo en mi época escolar. Se me daban bastante bien los deportes, y gracias a eso escapé al odio que despertaban los empollones, hasta que, después de alcanzar los primeros puestos en Saint Paul, uno se hallaba lo bastante alto en el escalafón para poder trabajar sin indignidad.

Durante el resto de mi vida, después del colegio y de la universidad, nunca he dejado de trabajar intensamente muchas horas. En Ceilán trabajaba normalmente doce al día, y en los seis años y medio que pasé allí solo tuve —quitando las semanas en que enfermé de fiebre tifoidea— unas cuatro semanas de vacaciones. En los cincuenta y siete años transcurridos desde mi regreso a Inglaterra he trabajado con la misma intensidad y persistencia. No lo digo como mérito, sino que me limito a hacerlo constar. Tanto Virginia como yo considerábamos el trabajo no tanto un deber como una función natural, o incluso una ley de la naturaleza. Excepto cuando estábamos oficialmente «de vacaciones», ambos nos retirábamos a nuestra habitación y trabajábamos de nueve y media a una, y era tan natural e inevitable que lo hiciéramos como que nos fuésemos a la cama y durmiéramos cada noche. En Londres, por la tarde, yo casi siempre trabajaba en la editorial o en algún comité político, y por la tarde leía algún libro para hacer una reseña o algo relacionado con lo que estaba escribiendo. El día de trabajo de Virginia era igual de largo, o tal vez más, que el mío. Pensaba constantemente en el libro que estaba escribiendo o que pensaba escribir, y vivía para observar y absorber la materia prima para ellos. También leía muchísimo, tanto para redactar sus artículos como las críticas literarias, y todavía conservo un gran número de cuadernos repletos con las notas que escribía metódicamente mientras leía. Diría que en un día normal ambos dormíamos unas ocho horas y trabajábamos entre diez y doce.

Seguí trabajando incluso más después de la muerte de Virginia. Estaba escribiendo los *Principia Politica* con inconsciente lentitud. Además tenía Hogarth Press; mantenía una correspondencia casi diaria con John Lehmann, a menudo me reunía con él en Londres para discutir y tomar decisiones, y de vez en cuando viajaba a Letchworth para ver a los empleados de la editorial. En 1931 me había convertido en director adjunto del *Political Quarterly* con Willie Robson; cuando llegó la guerra, Willie pasó al Ministerio de Carburantes y Energía y tuvo que renunciar a su puesto. De 1940 a 1946 fui el único director y, en condiciones de guerra, no fue una tarea fácil. Una publicación más o menos «erudita» o incluso «experta» como el *Political Quarterly* plantea problemas totalmente diferentes de los de un semanario como *Nation* o el *New Statesman*, y yo diría que aún más que los de un periódico diario. El problema al que se enfrenta el director de un semanario cada lunes por la mañana es que tiene demasiado material y muy poco espacio; la pesadilla que obsesiona al director de una publicación cuatrimestral es que suele tener demasiado espacio y muy poco material. Eso se debe, sobre todo, a dificultades técnicas. Es mucho más probable que un artículo caduque en tres meses que en siete días, y el director de un periódico cuatrimestral que pospone hasta abril la publicación de un artículo que se escribió para el número de enero lo estará publicando casi seis meses después de que se escribiera. Por ello debe organizar cada número de forma mucho más meticulosa y precisa que el director de un semanario. Al hojear los números de *Political Quarterly* veinte años después de planificarlos y publicarlos siento una especie de orgullo paternal, y no creo que sea solo eso lo que me hace pensar que, desde el punto de vista periodístico, poseen un nivel notablemente alto. Me parece que todavía hoy pueden leerse, aunque hay que reconocer que casi todos los periódicos o revistas resultan más interesantes pasados veinte años que veinte minutos después de publicarlos. La mayoría de los artículos los escriben expertos inteligentes —una combinación muy poco habitual— y tratan de acontecimientos y problemas, a veces incluso contemporáneos, que adquieren importancia política o sociológica al considerarlos y reflexionar sobre ellos desde la distancia. Los meros contenidos de los dos números y los nombres de los escritores que doy más abajo son prueba de ello:

OCTUBRE-DICIEMBRE DE 1942

El desarme alemán y la reconstrucción europea	por Mercator
El significado de la Resistencia francesa	por el profesor Paul Vaucher
La psicología de Hitler	por Leonard Woolf
Las colonias en un mundo cambiante	por Julian S. Huxley
La industria y el Estado	por Joan Robinson

La «eminencia gris» y la moralidad política	por el honorable Frank Pakenham
El cristianismo, la ciencia y la religión de la humanidad	por Anceps
Hacer entender a Inglaterra	por Historicus
El Parlamento en época de guerra	por H. R. G. Greaves

ABRIL-JUNIO DE 1943

El problema de la escuela pública	por R. H. Tawney
Evaluación del Informe Beveridge	por William A. Robson
La era de transición	por Harold J. Laski
El Parlamento en época de guerra	por H. R. G. Greaves
El futuro de una alianza	por Max Beloff

Otra de mis ocupaciones consistía en formar parte, de vez en cuando, del Tribunal de Arbitraje de la Administración Pública. Tal como conté en *Downhill All the Way*, en 1938 me nombraron miembro del Consejo Nacional de Whitley para los Departamentos Legales y Administrativos de la Administración Pública. Detrás de toda esa palabrería estaba el hecho de que los funcionarios no podían ponerse en huelga, y si sus sindicatos y el Ministerio del Tesoro no lograban llegar a un acuerdo respecto a una reclamación acerca de la paga o de cualquier otra condición del empleo, la queja tenía que remitirse a un Tribunal de Arbitraje de la Administración Pública para que este juzgara y tomara una decisión. El Tribunal estaba formado por tres mediadores: un presidente permanente nombrado por el gobierno, un mediador de una lista nombrada por el Tesoro y otro mediador de una lista nombrada por los propios empleados o por los sindicatos. A mí me habían elegido los empleados y siguieron haciéndolo durante diecisiete años. En mis años de funcionario en Ceilán, había disfrutado de mi empleo como juez de distrito o magistrado policial, y el trabajo como mediador de la Administración Pública me parecía casi igual de interesante. Formar parte de un tribunal y juzgar casi cualquier caso como si uno fuera juez, magistrado o mediador (siempre que piense en los litigantes, en su caso y en sus personalidades y no en él mismo, una norma que no siempre siguen los jueces) puede proporcionar la ocasión de escudriñar los motivos, los métodos y la inteligencia del animal humano de un modo que no resulta fácil en ningún otro caso. Estar por encima de los conflictos y saber que es preciso seguir ahí y no permitir, bajo ninguna circunstancia, que nada —ni siquiera la forma de la nariz o el color de los ojos de una litigante— influya en nuestra decisión, purga la mente y purifica, de un modo que sería imposible en la vida diaria, nuestra manera de ver las cosas y entender a las personas.

Incluso cuando el cielo se desploma a nuestro alrededor, ocurra lo que ocurra con la justicia, seguimos desayunando nuestros huevos con beicon y ocupándonos de nuestros asuntos de día y de noche. Mientras oíamos caer las bombas en Regent's Park y se libraban batallas de Roma a Normandía en las que se decidía el destino del mundo, el Tribunal de Arbitraje seguía reuniéndose de vez en cuando para decidir cuestiones tales como si un oficinista del Ministerio de Trabajo debería tener un aumento de sueldo de uno o dos chelines, o si una guardiana de prisiones debía trabajar cuarenta y cuatro o cuarenta y cinco horas a la semana. En mi opinión, así es como deberían ser las cosas y de hecho así han sido siempre: las personas normales, excepto cuando las asesinan, matan de hambre o reclutan las grandes guerras mundiales y los grandes conquistadores y otras plagas como Alejandro Magno y Napoleón, siempre han optado por no darse por enteradas y han seguido con sus huevos con beicon, como hizo Jane Austen cuando pasó por alto la retirada de Moscú de Napoleón y continuó escribiendo *Mansfield Park*.* Por mi parte, cuando en Polonia, Hungría, Grecia, Italia y Francia se estaban librando las grandes batallas que decidirían la guerra mundial y las V-1 estaban cayendo sobre Londres, pasé, por ejemplo, un día de diciembre de 1944 en la casa que daba a Regent's Park en compañía de sir David Ross y el señor Fairholme decidiendo si los jefes de servicio, las guardianas, el superintendente de tejidos y el superintendente de encuadernación de libros del Servicio de Prisiones tenían o no derecho a que les pagaran las horas extra quincenales a la tarifa normal más un cuarto, y revisando las condiciones de empleo y la escala de salarios y, tras escuchar los argumentos a favor y en contra de la Asociación de Funcionarios de Prisiones y a los propios funcionarios, les concedimos, por un período de tres años, lo que pedían.

---

* Véase la carta que le escribió de noche Jane a Cassandra en Chawton el domingo 24 de enero de 1813 en la que le dice que se ha enterado por sir J. Carr de que no hay «residencia del gobernador» en Gibraltar como ella había escrito en *Mansfield Park* y que tendrá que cambiarlo. No alude a la guerra, ni a Napoleón, ni a la retirada de Moscú, y en cambio escribe: «Mi madre envía recuerdos a Mary, le agradece su interés y que preguntara por el cerdo y prefiere que le envíe su parte de los dos últimos cerdos, le envía un par de ligas y se alegra de que ya estén terminadas». Qué razón tenía la gran escritora al conferir inmortalidad no al gran conquistador y su guerra, sino a Mary, el cerdo, los dos últimos cerdos y el par de ligas.

Hay algo que me gustaría decir antes de dejar la cuestión del Tribunal de Arbitraje de la Administración Pública. Como he dicho, tanto desde el punto de vista personal como psicológico, me ha parecido siempre un trabajo interesante, pero al mismo tiempo tengo la sensación de que, desde el punto de vista público, el sistema era absurdo y una pérdida de tiempo. Ya señalé en *Downhill All the Way* que la estructura industrial de la Administración Pública me parecía irracional y descabellada. Cada uno de los cientos de empleos gubernamentales tiene, aparentemente, una escala de remuneración y unas condiciones de empleo peculiares, pero lo cierto es que en muchos casos concretos hay enormes parecidos con otros empleos. Por ello, cuando se produce un cambio en la escala de remuneración o en las condiciones de trabajo de uno de esos empleos, se desencadena una interminable serie de reclamaciones por parte de quienes desempeñan trabajos similares en la Administración Pública. Dije entonces que, en mi opinión, la estructura de la Administración debería racionalizarse constituyendo un número pequeño y limitado de escalas de remuneración y de condiciones de empleo, y que dicha clasificación y estructura de pagas debería aplicarse a todas las personas que trabajen como empleados públicos. Me alegra ver que la Comisión Fulton sobre la Administración Pública ha hecho la misma propuesta en un informe reciente.

Esporádicamente, de vez en cuando y durante breves períodos de tiempo —unos días, o una semana o dos—, dirigía el *New Statesman*. La razón era que el director, Kingsley Martin, había adquirido la costumbre de pedirme que le sustituyera cuando quería una semana o más de vacaciones, o cuando emprendía una de esas peregrinaciones por Europa o Asia que son un tónico esencial para los buenos periodistas. Así, en 1943, lo dirigí ocho semanas en total, aunque estipulé que solo iría a la redacción dos o tres días por semana. Encajarlo con mis otros trabajos era agotador, pero debo admitir que, sabiendo que no estaría prisionero en el sillón del director durante demasiado tiempo, llegué a disfrutar mucho del puesto. La plantilla con que tenía que lidiar estaba formada por Dick Crossman, G. D. H. Cole, Aylmer Vallance, Norman Mackenzie y, en la parte literaria, Raymond Mortimer.* Resultaba fácil llevarse bien con ellos, pero eran un equipo formidable y necesitaban cierta supervisión. Los lunes o los martes nos reuníamos para decidir qué menú ofrecería el periódico esa semana. Siempre vi con asombro y admiración a Dick Crossman. Era el mejor periodista que he conocido. Su imaginación bullía sin cesar y si uno pescaba en ella sacaba un sinfín de ideas brillantes y deslumbrantes, como los bancos de peces que saca en sus redes el pescador. Es cierto que las ideas de Dick eran casi tan calidoscópicas y resbaladizas como la caballa, pues después de escribir un ingenioso y devastador artículo una semana se presentaba el lunes siguiente con una idea genial para un artículo genial que contradecía el genial artículo del lunes anterior. Y estoy convencido de que en ambos casos Dick creía apasionadamente en sus ideas.

El resto de la plantilla era, desde el punto de vista periodístico, casi un equipo perfecto. Douglas Cole era un antiguo amigo: había trabajado muchos años con él y con Margaret, su mujer, en

---

* Hasta después de la guerra no pude contar con Dick como director adjunto. Aunque fue director adjunto del *New Statesman* de 1938 a 1955, durante la guerra fue un brillante director de guerra psicológica en el ejército.

la Sociedad Fabiana. Se trataba de un hombre extraordinariamente capaz. Académicamente, como profesor en Oxford, y políticamente, como intelectual que sugería ideas, principios y políticas al partido y al movimiento laborista, tenía un gran número de seguidores devotos, sobre todo entre los jóvenes. Era todo lo que puede desear el director de un periódico, pues era tan fiable como el sol y la luna. Y uno podía estar totalmente seguro de que cada miércoles recibiría con el correo de la mañana un artículo impecable de exactamente tantos o cuantos miles de palabras sobre uno de esos asuntos tópicos pero desagradables que siempre desesperan a los editores —y a menudo a los lectores— que se dan en esa desesperante región donde la economía, la industria, el comercio y los movimientos sindicales causan los problemas más importantes, insolubles y aburridos.

Cuando lo conocí en la redacción del *New Statesman*, Norman Mackenzie era un joven al principio de lo que (equivocadamente) todos pensaban que sería sin duda una carrera periodística. Era tan fiable como Douglas y jamás metía la pata. Cubría más o menos el mismo ámbito que Douglas: un ámbito en el que los artículos deben escribirlos «expertos» y que, por naturaleza, no son una lectura frívola o entretenida. Mientras ocupé el sillón de Kingsley solo tuve una queja acerca de los artículos de Douglas y Norman. Estaban muy bien razonados, pero verbalmente eran ramplones. Solo cuando Dick reapareció, al terminar la guerra, comprendí que era posible que un artículo, aunque tratase de la Liga de Naciones o de Ernest Bevin, podía estar bien razonado y al mismo tiempo haber sido escrito con brillantez.

El último miembro del equipo del *New Statesman* era Aylmer Vallance, un periodista profesional que había sido director del

News Chronicle. Durante la guerra compaginó su trabajo en el *New Statesman* con el de coronel del Estado Mayor en el Ministerio de la Guerra. Era un fuera de serie al planificar, escribir y preparar un semanario para la imprenta; era capaz de escribir en una hora un buen (aunque no un muy buen) artículo sobre cualquier cosa que se te ocurriera, desde Dios a las mujeres. Era un tipo agradable que caía bien. Pero también uno de los hombres más indiscretos que he conocido. Por ejemplo, un día en una habitación llena de gente que entraba y salía, como ocurre siempre en las redacciones de los periódicos, nos contó que habían estado interrogando a unos oficiales alemanes prisioneros y estaban convencidos de que Alemania ganaría la guerra con un arma nueva que Hitler iba a utilizar contra nosotros, y describió con cierto detalle lo que luego conoceríamos como las V-2. Al oírselo contar a un oficial con uniforme de coronel con sus insignias rojas y demás, en una habitación llena de gente de lo más variopinto, no se me ocurrió que pudiera tener nada de malo. Pero cuando me encontré después con Bunny Garnett, que estaba en el Ministerio del Aire, y le pregunté por la nueva arma de Hitler, se le pusieron los pelos de punta y me dijo muy enfadado que no tenía el menor derecho a saber —y menos aún a comentar— algo que era altísimo secreto: esa misma mañana se habían comunicado por primera vez los detalles, con todas las puertas y las persianas metafóricamente cerradas, a los oficiales de mayor rango de su oficina. Tuve la sensación de haberme librado por los pelos de ser detenido y encarcelado.

No fue la única vez que me vi metido en un lío por culpa de Aylmer. Era un conspicuo «compañero de viaje», y, que yo sepa, es posible que fuese miembro del Partido Comunista. Yo había frecuentado lo suficiente a los miembros de la izquierda política en la Sociedad Fabiana y en el Partido Laborista para saber que no se puede uno fiar enteramente de un compañero de viaje, ese amigo querido que puede ser o no un criptocomunista. Pero tardé un tiempo en darme cuenta de que había que vigilar de cerca a Aylmer. En mayo de 1945 se me abrieron los ojos. Tuve que dirigir el *New Statesman* las cuatro semanas históricas en que se anunciaron la muerte de Hitler y el final de la guerra con Alemania. Fue una época frenética. Tras mi tercera semana en el periódico recibí una airada carta de Maynard Keynes a propósito del artículo de la primera página en el que se celebraba el final de la guerra. No recuerdo de qué trataba exactamente el artículo, pero creo que debía de estar lleno de las insinuaciones, los sarcasmos, los desdenes y las tergiversaciones que los comunistas y los compañeros de viaje utilizan habitualmente como medio para construir una sociedad mejor. Maynard estaba indignado, y lo mismo lady Violet Bonham-Carter y muchas otras personas muy respetables que le habían escrito a él cartas indignadas. Por alguna razón, Maynard culpaba al ausente e inocente Kingsley en lugar de a mí. Le escribí la siguiente carta para desviar sus iras sobre mi culpable, aunque no demasiado contrita, cabeza:

Querido Maynard:
Estoy totalmente de acuerdo en lo del artículo, aunque la responsabilidad es, por supuesto, mía. Es terrible, la semana pasada me encontré en una situación difícil y supongo que tomé una decisión equivocada. Los dos días de fiesta a mitad de semana significaban que las galeradas tenían que aprobarse el jueves. Lo dispuse todo para que Vallance escribiera la primera pá-

gina y se la dejara al impresor el jueves por la mañana, de modo que no tuve ocasión de verla hasta que estuvo en forma de galeradas. [...] Se suponía que los impresores solo trabajarían el viernes si no había que hacer muchos cambios. No pude leer la primera página hasta las cinco. Cuando la leí, me sentí igual que tú. [...] De hecho, estaba mucho peor que ahora. La dificultad radicaba en que tendríamos que haber vuelto a escribir el artículo, pero en ese caso los impresores tendrían que empezar de cero el viernes y probablemente el periódico no podría salir hasta el lunes. Además, yo tenía una cita que me obligaba a coger el tren de las 6.45 a Lewes. Al final, le dije a Vallance que incluyera ciertos cambios y alteraciones que pensé que harían el artículo más tolerable, aunque admito que no es así y que probablemente habría sido mejor reescribir el artículo y no haberlo mandado a imprenta.

En cuanto a las acciones que consideras tu deber llevar a cabo, creo que sería un error atribuir este asunto a Kingsley. Debería discutirse en la junta, pero la responsabilidad es mía y no hay por qué arremeter contra Kingsley.

No entiendo a Vallance. Hasta que ocurrió este incidente, siempre lo había tenido por un periodista de primera, y por un mediocre en todo lo demás, pero también por alguien en quien se podía confiar hasta cierto punto.

Tuyo,

LEONARD

Creo que este incidente y mi carta permiten hacerse una buena idea de las prisas y las exigencias que implica dirigir un periódico como el *New Statesman*. La escena que le describí a Maynard ocurrió, no en la redacción del *New Statesman*, sino en la imprenta en Southwark. Uno tenía que ir allí el jueves por la mañana —en este caso el viernes, debido a los días de fiesta— y dar el visto bueno a las pruebas o a veces volver a escribir el artículo de la primera página. Te sentabas en una especie de caja de cristal y las galeradas llegaban directamente de la rotativa. A veces solo había que corregir las galeradas, pero en otras ocasiones había sucedido algo por la noche que hacía que el artículo de la tarde anterior hubiera perdido vigencia. En ese caso había que reescribirlo casi por entero o incluso escribir uno nuevo. Se trabajaba bajo mucha presión, con constantes idas y venidas, con el impresor metafóricamente subido a tu espalda y exigiéndote la copia definitiva. El mismo ajetreo, y a veces más, teníamos de lunes a miércoles en Holborn en la redacción. No me importa trabajar bajo presión y no me molestan los imprevistos o tener que hacer dos o tres cosas a la vez mientras las puertas se abren y se cierran y la gente no deja de entrar y salir. En Ceilán había aprendido a trabajar en *kachcheries*, sin puertas ni ventanas, impasible e imperturbable en medio de un calidoscopio de ruido y constante movimiento, con gente hablando en dos o tres idiomas distintos. De hecho, ese tipo de habilidades que permiten al periodista, el administrador o el magnate vérselas con media docena de cosas a la vez, igual que el malabarista que tiene seis bolas de billar por el aire al mismo tiempo, resultan muy estimulantes. Pero, si se hace durante demasiado tiempo, acaba ejerciendo un curioso efecto en la imaginación. Empiezas a vivir en la superficie de las cosas, en la superficie de la vida y de sus problemas, en la superficie de tu propia imaginación, te vuelves tan hábil, astuto y sagaz que ya no necesitas, ni puedes, pensar; conoces todas las preguntas y por suerte, o por desgracia, todas las respuestas. En Ceilán aprendí que, si hay que decidir algo que requiera meditarlo con calma, tanto en una oficina gubernamental, como en las oficinas de una editorial, o incluso en la redacción de un periódico, es esencial pensarlo en casa. En la oficina se pueden tener ideas y creer que son brillantes. Pero solo en casa puede uno pensar, suponiendo, claro, que sea capaz de hacerlo.

Ya he descrito en *Downhill All the Way* las consecuencias que tiene el periodismo —cuando se ejerce demasiado tiempo— sobre la mente del periodista y no lo repetiré aquí. Hay, no obstante, un efecto psicológico del periodismo sobre los periodistas al que no aludí entonces y en el que reparé cuando era director literario de *Nation* y después cuando dirigí temporalmente el *New Statesman* para Kingsley. Todos los trabajos o profesiones, como los individuos, crean en torno a ellos una especie de campo magnético. En mi caso, todo lo que hay en mi interior y en mi entorno adquiere la curiosa cualidad de ser un aura de mí mismo: mis pesares y mis placeres, mi máquina de escribir y mi dedo gordo del pie, mis recuerdos y la vista que contemplo ahora desde la ventana, la gente a quien quiero y la gente a quien detesto, todo eso entra en el campo magnético creado por mi ego y mi egocentrismo y adquiere un significado y un valor peculiares para mí. Y todo el mundo pasa por la vida, tanto material como espiritualmente, rodeado de un campo magnético similar de su personalidad que otorga a todo y a cualquiera que entre en él un reflejo imantado de su ego, un significado y un valor que solo él siente y entiende.

Los trabajos y las profesiones, e incluso las instituciones, adquieren el mismo tipo de magnetismo. Todo lo que entra en el campo magnético que rodea a una escuela o una facultad, o a la profesión de médico, abogado, minero, electricista, cocinero o jardinero adquiere el mismo tipo de valor y significado para los que se encuentran dentro de ese campo. La psicología de esa alucinación laboral o engaño de uno mismo es muy evidente en la enorme y sagrada importancia que conceden a la vocación quienes practican determinada profesión. Los reyes, las reinas, sus familias y parientes y todos los que se ganan la vida mediante algún tipo de servicio en la corte, son quienes han alcanzado siempre el nivel más alto de esta absurda alucinación, animados de común acuerdo por el vulgo cuya pasión por engañarse a sí mismo es tan grande y profunda que disfruta incluso dejándose embaucar por un engaño ajeno. Creo que los periodistas van en tercer lugar. Estoy pensando, claro, sobre todo en los periódicos diarios y en los semanarios intelectuales. El factor primordial de la sobrevaloración alucinatoria de la importancia de los periódicos y el periodismo por parte de los periodistas es la evidente importancia de los sucesos y asuntos sobre los que tienen que pronunciar juicios *ex cathedra* a diario, o bien cada semana y siempre de forma anónima, desde la *cathedra* del sillón del director del periódico. Debido a la curiosa lógica de la historia y las instituciones humanas, se confía al Papa, un célibe que tiene prohibido tener relaciones con mujeres, la tarea de regular íntimamente y con el mayor detalle todo lo relativo al matrimonio de millones de personas normales y a las relaciones sexuales entre maridos y mujeres. No es raro que un hombre a quien se concede el poder de tomar decisiones infalibles respecto a asuntos tan importantes adquiera para millones de personas una importancia enormemente exagerada, cuyo indicio es el descabellado disfraz con el que, al igual que los reyes y las reinas, se fotografía habitualmente.* A veces algo similar ocurre con el director del periódico, con el periódico que dirige y con todos los implicados en producirlo. Creo que todos ellos, incluso la última secretaria de la redacción, sienten que el periódico es importante porque se pronuncia a diario o semanalmente sobre sucesos, personas y políticas de la mayor importancia, que la historia hace desfilar ante ellos de lunes a jueves cuando el periódico pasa a la rotativa y ante el escritorio del director y el director adjunto. La competencia del director para pontificar sobre algunos de esos asuntos probablemente no sea mucho mayor que la del anciano caballero célibe de Roma para establecer la ley de las intimidades y complejidades de la copulación y la mecánica de los anticonceptivos. Pero es imposible no creer que uno es importante si se pasa el tiempo dictando leyes sobre cuestiones de importancia. Y a los periodistas —igual que a los Papas, los jueces y los miembros del Parlamento— también les afecta ese complejo de poder. Todos los directores de periódico —desde luego todos los directores de periódico buenos— creen no solo que están continuamente pronunciando juicios sobre cuestiones de la mayor importancia, sino que ellos y sus periódicos ejercen una poderosa influencia sobre la opinión pública acerca de dichas cuestiones. Así se crea un campo magnético, cargado de importancia, influencia y poder,

* La credulidad de la gente es tan gigantesca e insaciable que millones de personas no solo aceptan los dictados de ese anciano caballero de Roma sobre los anticonceptivos, sino que también creen que está en comunicación directa con la deidad que creó el universo, con sus soles, galaxias y cometas centelleando en el espacio infinito, y que el Papa recibe directamente de dicha deidad las instrucciones detalladas respecto a cómo las personas casadas pueden utilizar o no dichos anticonceptivos.

en torno a cada periódico y todas las personas relacionadas con él se ven sometidas a sus efectos y a cualquier ilusión vocacional que despierte. Sé por experiencia que, en el momento en que me senté en la silla del director en las oficinas del *New Statesman*, y pese a que soy escéptico por naturaleza, me envolvió una extraña sensación de importancia, un toque de *folie de grandeur*. Emanaba del campo magnético del *New Statesman* en el que había entrado de pronto. Instintivamente sentí que todo lo que fuese a hacer o decir la semana siguiente tendría importancia. Iba a ejercer (de manera temporal) la influencia y el poder. Lo mismo sentía en las oficinas de *Nation* cuando trabajaba allí de director literario, e incluso cuando ejercía de director del *Political Quarterly*. Y ese efecto del campo magnético del periódico se extiende, como he dicho, mucho más allá del sillón del director. Estoy convencido de que Maynard Keynes, por ejemplo, jamás se habría tomado tan en serio las indiscreciones de Aylmer Vallance si no hubiese atribuido tan inmensa importancia e influencia a todo lo que se publicaba en el *New Statesman*.

En la última frase he estado a punto de escribir «exagerada» en lugar de «inmensa». La cuestión de si uno exagera y hasta qué punto su propia importancia y la de sus obras es peliaguda y no resulta fácil de establecer con claridad. Estoy bastante convencido de que el campo magnético que rodea al periodismo induce a pensar al director y al personal que su periódico es mucho más importante e influyente de lo que en realidad es. No me cabe ninguna duda de haber sido víctima de esa ilusión laboral cuando era director de la *International Review*, de *Nation*, del *New Statesman*, y del *Political Quarterly*. Todo esto son, claro, conjeturas, pero la evidencia de los hechos parece demostrar que, en realidad, los periódicos tienen muy poca influencia en la formación de opinión. Lo cual es sin duda cierto de los millones de ejemplares de los periódicos populares producidos en masa y vendidos bajo la dirección de los grandes magnates de la prensa, Northcliffe y Beaverbrook, que pretendían moldear la opinión pública en casi cualquier cosa, desde los guisantes hasta el libre comercio, y además parecían convencidos de lograrlo. Algunos de sus sucesores modernos padecen la misma alucinación. Lo cierto es que la enorme mayoría de los lectores de periódicos los leen por uno de dos motivos. El primero es enterarse de lo que ha ocurrido, de los hechos, ya sea de las carreras y el rugby, o de los crímenes, el sexo, las andanzas de la reina y su familia, o la política. El segundo motivo es obtener distracción, placer, consuelo o irritación. Es evidente que un gran número de personas leen los periódicos solo para entretenerse y divertirse. Un número más pequeño quiere encontrar en ellos una confirmación de sus propios gustos, de sus creencias, amores, odios e ilusiones: necesitan que alguien anime su confianza. Otro número aún más pequeño los leen porque quieren indignarse. Eso atañe sobre todo a los semanarios intelectuales. Estoy convencido de que mucha gente ha leído siempre el *New Statesman* porque les proporciona una dosis semanal de enfado justificado. Por último, repito lo que he dicho en otra parte de que me parece muy probable que la influencia de los periódicos esté en proporción inversa a la magnitud de su tirada. Los millones de ejemplares del *Daily Mail* o el *Mirror* y los millones de personas que los leen son tan informes y fluidos que los periódicos prácticamente no ejercen ningún efecto sobre la imaginación de los lectores. Los periódicos con una tirada muy pequeña, escritos por y para expertos a propósito de cuestiones más o menos técnicas —el *Political Quarterly* es uno de ellos— tratan directamente con la opinión y es mucho más probable que puedan influir en ella.

Todas estas particularidades del campo magnético que rodea a los empleos y las alucinaciones laborales que implica nos conducen a una cuestión que, a mi entender, cualquiera debe plantearse al envejecer, sobre todo si escribe su autobiografía —y es precisamente el autobiógrafo quien debe tratar de responderla con mayor honradez—. Heme aquí a los sesenta, setenta, ochenta, o (en mi caso hoy) ochenta y ocho años; detrás de mí está mi «obra», todo lo que he hecho en cuarenta o setenta años de trabajo. Los hombres de clase media empezamos a trabajar, a dedicarnos a una profesión o un negocio, en algún momento entre los dieciocho y los veinticuatro años. Hemos asistido a la escuela preparatoria (siete años), a colegios privados (cinco años), donde hemos estudiado y nos hemos preparado para el trabajo que tendríamos que hacer en nuestra profesión o negocio. ¿Qué objeto tuvo ese «trabajo», todas esas horas y años de esfuerzo? ¿Qué objeto pensábamos que tenía? ¿Qué conseguimos y qué creímos haber conseguido? Por supuesto, debido a la determinación económica de la historia, las clases sociales y los individuos, trabajamos para ganarnos la vida, y, puesto que estamos vivos para plantearnos estas preguntas, es probable que lo hayamos conseguido. Pero, aunque haya una profunda verdad en el análisis de Marx de la sociedad, la psicología y la economía, solo es una verdad a medias, o incluso un tercio de la verdad. La mayoría de los hombres, consideran su trabajo no solo una obligación económica, es decir, una fuente de ingresos, sino también algo que posee un fin y unos valores no económicos y que produce efectos de carácter social, psicológico o artístico.

Han pasado sesenta y cuatro años desde el día de noviembre en que partí de Tilbury, en mitad de la niebla y la llovizna, Támesis abajo en el barco *Syria* de la P & O rumbo a Ceilán. Fue el inicio, técnicamente hablando, de mi trabajo en una profesión: de mi trabajo para ganarme la vida. En los sesenta y cuatro años transcurridos desde ese día de noviembre calculo que, como mínimo, habré trabajado ciento cincuenta y ocho mil setecientas veinte horas o el equivalente a seis mil seiscientos trece días. Estoy seguro de estar calculándolo por lo bajo y de que, de hecho, habré dedicado al trabajo más de ciento setenta mil horas en los últimos sesenta y cuatro años. Ya he descrito en *Growing* el tipo de trabajo que hice en los siete años que pasé de funcionario en Ceilán; en *Beginning Again* y *Downhill All the Way* he descrito el que he hecho desde que dejé mi empleo en la Administración Pública. Para dar una idea de su objeto y sus efectos me propongo examinar en qué consistió exactamente ese trabajo durante los seis años de la guerra, de 1939 a 1945, que concluyeron cuando había cumplido los sesenta y cinco años.

La rutina de mi vida cambió considerablemente varias veces en esos años; dichos cambios afectaron a la cantidad de tiempo que podía dedicar a mis diversos empleos, pero no al tiempo que dediqué en total al trabajo, o al menos eso creo. Lo que determinaba la clase de trabajo que podía hacer era la proporción de tiempo que pasaba en Londres y en Rodmell. La muerte de Virginia trastocó toda mi vida y trastocó también el ritmo y la rutina de mi trabajo, pero lo que podía hacer y cómo podía hacerlo dependió en gran parte del bombardeo de Londres. Ya he contado cómo, en 1940, antes de morir Virginia, uno de los primeros bombardeos destruyó nuestra casa en Mecklenburgh Square y la dejó inhabitable. Nos quedamos sin sitio donde alojarnos en Londres y nos convertimos, por primera vez en nuestras vidas, en gente del campo instalados de forma permanente en Monks House, en Rodmell. El primer efecto de eso y del traslado de Hogarth Press a Letchwork en septiembre de 1940 fue que no pude seguir controlando la editorial día a día; mi trabajo como editor se redujo a un control a distancia mediante la correspondencia con John Lehmann y nuestras esporádicas reuniones en Londres o en Rodmell. Yo subía a Londres siempre que tenía algo que hacer en el Partido Laborista, en la Sociedad Fabiana, en el Tribunal de Arbitraje, o en el *New Statesman*, de lo contrario me quedaba en Rodmell escribiendo y dirigiendo el *Political Quarterly*.

Pero tras la muerte de Virginia tuve la sensación de que debía tener algún lugar donde alojarme en Londres para poder trabajar con mayor dedicación. Así que alquilé un piso en Cliffords Inn. Descubrí que, por naturaleza, no estoy hecho para vivir en apartamentos; tengo muy escasa o ninguna tendencia al gregarismo, no encuentro seguridad ni consuelo en el olor ni el calor del rebaño, en la comodidad de la conejera humana. Me gustan mis congéneres, pero necesito períodos en los que estar lejos de ellos, períodos de silencio y soledad. No aguanté mucho tiempo en Cliffords Inn y, en abril de 1942, mandé parchear tres habitaciones de la casa de Mecklenburgh Square y me trasladé allí. «Parcheadas» es la descripción adecuada de las habitaciones y la casa. No había ventanas ni techos y en toda la casa no había nada (ni el tejado ni las tuberías) que fuese demasiado sólido. Conseguí mi soledad y mi silencio (excepto cuando caían las bombas). Pero he experimentado muy pocas cosas tan deprimentes como vivir en unas habitaciones bombardeadas y con las ventanas tapadas con tablones, durante la guerra mundial. Me quedé exactamente un año en Mecklenburgh Square, pero en octubre de 1943 descubrí que ya no lo soportaba más y arrendé el 24 de Victoria Square. Cuando el arrendamiento llegó a su fin, lo prorrogué por noventa y nueve años en la inmobiliaria Grosvenor, de manera que aunque viva hasta los ciento cincuenta años seguiré teniendo casa en Londres.

Cliffords Inn, Mecklenburgh Square y Victoria Square, sucesivamente, impusieron nuevos ritmos y rutinas en mi vida desde el verano de 1941 hasta el final de la guerra en 1945. Volví a desempeñar una ajetreada labor política en Londres. La rutina que se fue estableciendo poco a poco consistía en pasar de dos a cuatro noches en Londres y el resto del tiempo en Rodmell. Repasando la lista de mis compromisos veo que en los últimos años de la guerra mi «trabajo» en Londres, primordialmente político, consistía en lo siguiente:

Partido Laborista: secretario de la Comisión Consultiva sobre Relaciones Internacionales; secretario de la Comisión Consultiva sobre Cuestiones Imperiales.
Sociedad Fabiana: Comité Ejecutivo; portavoz del Gabinete Internacional; Gabinete Imperial.
Sociedad Anglo-soviética.
New Statesman: Consejo Directivo.
Tribunal de Arbitraje para la Administración Pública.
Political Quarterly: director y consejero.

Ese «trabajo» consumía muchas horas de mi tiempo, pues cuando me encontraba en Londres a menudo tenía que participar en dos comisiones en un mismo día y, aparte de las comisiones, a menudo redactaba informes para el Partido Laborista y para los gabinetes de la Sociedad Fabiana. Ninguno de esos trabajos eran remunerados, a excepción del *Political Quarterly* y del Tribunal de Arbitraje (mi sueldo por dirigir el *Political Quarterly* era de 80 libras y por cada caso que juzgaba en el tribunal me pagaban cuatro guineas).

¿Por qué hice todo ese trabajo año tras año? En 1945, cuando terminó la guerra, tenía sesenta y cinco años, la edad normal de jubilación. Pero seguí dedicándome bastantes años a ese trabajo político y social, e incluso en Rodmell hice mucho trabajo parecido, de carácter político, social o comunitario: formé parte del concejo parroquial diecisiete años, fui y sigo siendo uno de los administradores de la escuela primaria de Rodmell y he sido presidente de la Sociedad de Horticultura de Rodmell más de veinte años. Me resulta muy difícil responder honradamente a la pregunta de por qué he pasado tantos miles de horas dedicado a unas ocupaciones tan monótonas. En realidad, no me gusta formar parte de comisiones y no soy un buen miembro de comité, aunque puedo ser un buen secretario e incluso, cuando me lo propongo, un buen portavoz. Hay, claro, una especie de placer infantil o innoble en esa importancia viril que todo el mundo siente al ocupar su puesto en la reunión de un comité. Si uno es portavoz o secretario, puede sentir al menos un leve placer adicional en el ejercicio del poder, por débil que este sea. Por otro lado, como he dicho ya, me resulta extremadamente interesante observar las incongruencias de cinco, diez o quince hombres que tratan de arrimar el ascua a su sardina. Siempre me ha parecido fascinante la lucha de egos y voluntades que boxean, forcejean o hacen jiu-jitsu en torno a una mesa y que no hay barrera capaz de contener. De hecho, una de las razones por las que no soy un buen miembro de comité es porque tiendo a olvidarme de todo mientras contemplo divertido a personas muy inteligentes discutiendo por fuegos fatuos o unos molinos de viento como si les fuera la vida en ello, y convirtiendo una topera en el monte Sinaí. Al considerar la ingente cantidad de lentísimos minutos que he pasado en la Cámara de los Comunes y en otros comités no tan distinguidos, no me queda otro remedio que admitir que he disfrutado del espectáculo de ver a tantos hombres grandes o pequeños con experiencia política actuando como si quisieran entretenerme: el taimado y traicionero Ramsay MacDonald en el antiguo ILP; Clem Attlee que, en el Nuevo Gabinete de Investigación Fabiana, parecía un corderito y, cuando menos lo esperabas, se convertía en un carnero salvaje y dominante; las demostraciones de ingenio irrelevante y dialéctica de George Bernard Shaw en la Sociedad Fabiana; la nueva escuela de sentido común directo y obstinado de Harold Laski, G. D. H. Cole, Hugh Gaitskell, Hugh Dalton, Harold Wilson en la Sociedad Fabiana y el Partido Laborista; la extraña sucesión de Maynard Keynes, Kingsley Martin, John Freeman y Jock Campbell en el consejo del *New Statesman*.

Pero esas, claro, no son las razones principales por las que me he dedicado tantos años a esos trabajos tan tediosos. Tenía un objeto político o social. Mis siete años en la Administración de Ceilán me convirtieron de un animal estético en un animal político. La miseria social y económica en que vivían miles de cingaleses y tamiles me horrorizó; vi de primera mano los males del imperialismo y preví algunas de las dificultades y peligros que implicaría su inevitable liquidación. Cuando regresé a Inglaterra después de aquel período, me interesé mucho por el sistema político y social: pude observarlo con la mirada fresca del extranjero y, hasta cierto punto, desde la perspectiva de un experto, pues en mi puesto de agente gubernamental adjunto de un distrito, de juez y de magistrado había aprendido mucho sobre el arte del gobierno y la administración.

Mi primer contacto con el sistema económico del capitalismo en la Inglaterra de 1912 fue, tal como conté en *Beginning Again*, en el Comité de Cuidados de la Organización Benéfica de Hoxton. El efecto que causó en mí lo describí en dicho libro de la forma siguiente:

> Bastaba con pasar un cuarto de hora con Marny Vaughan en el Comité de Cuidados y otro cuarto de hora con las víctimas, el señor y la señora Smith en los suburbios de Hoxton, para comprender que en Hoxton uno se enfrentaba a un enorme y peligroso error en la estructura social, una enfermedad destructiva en el organismo social, que no podían sanar el paternalismo, la caridad, ni las buenas obras. Nada, excepto una revolución social, o la cirugía a gran escala, podrían curarla. Dimití del Comité de Cuidados de la Organización Benéfica transformado de liberal en socialista.

Un estudio de las sociedades cooperativas de Inglaterra y Escocia y conocer de primera mano la situación en que vivían los miembros de las cooperativas obreras del norte confirmaron mi socialismo. Me convertí en miembro de la Sociedad Fabiana, el Partido Laborista y el ILP.

La insensata guerra de 1914 profundizó mi conversión en un

animal político. Me horrorizó aquel espectáculo de millones de personas aparentemente empujadas por un destino inexorable a una locura comunitaria, matándose unos a otros a millones, cubriendo la tierra entera de la miseria, el dolor y la ruina más espantosos, destruyendo ciegamente la civilización en nombre de la civilización, y todo por unos fines que no tenían relevancia, importancia o siquiera significado más que para un reducido círculo de reyes, gobernantes, aristócratas, hombres de Estado, generales, almirantes e historiadores. Llegué a obsesionarme por dos cosas: en primer lugar, por qué las personas, y en concreto los europeos, cometían de vez en cuando un suicidio político y social, como el cerdo gadareno, y se precipitaban desde un lugar empinado hacia la guerra. Me negaba a aceptar la aquiescente resignación de los viejos Kaspar, los pequeños Peterkin y las pequeñas Wilhelminas al contemplar los cráneos y restos de la victoria del duque de Marlborough en Blenheim o la «victoria» de lord Haig en Passchendaele cerca de Ypres:

«Por qué razón lucharon
jamás llegué a saberlo.
Aunque todos afirmaron —aseguró—
que fue una victoria famosa.

Dicen que la escena era espantable
cuando concluyó la batalla;
miles de cadáveres yacían
pudriéndose al sol,
aunque eso es inevitable
tras una victoria famosa.

> *Y todos alabaron al duque*
> *que venció en la gran batalla.»*
> *«Pero ¿de qué sirvió?»,*
> *preguntó el pequeño Peterkin.*
> *«Pues no sabría decirte —respondió—,*
> *pero fue una famosa victoria.»*[22]

Durante el conflicto bélico me obsesionó el problema de las causas fundamentales de la guerra y de si se podía hacer algo para prevenirla. Durante los últimos años de la contienda prácticamente todo mi trabajo se concentró en ese problema. El resultado fue mi libro *International Government*, que se inspiró en un informe que redacté para la Sociedad Fabiana. Cuanto más profundizaba en la cuestión, más me convencía de que parte de la solución dependía de la posibilidad de establecer una forma rudimentaria de gobierno internacional. No es que creyera que las guerras se erradicarían mediante un gobierno internacional, sino que llegué a la conclusión de que, antes o después, la guerra sería inevitable a menos que pudiera establecerse una especie de sistema de resolver las disputas internacionales por métodos legales o de conciliación sin llegar a la guerra. Eso conducía en la lógica y en la práctica a la idea de una Liga de Naciones. En la Sociedad Fabiana, el Partido Laborista y la Sociedad de la Liga de Naciones, que ayudé a fundar, trabajé con otros para garantizar que la creación de la Liga de Naciones fuese parte del tratado de paz.

La Liga se creó en Versalles. Los siguientes veintisiete años fui secretario de la Comisión Consultiva sobre Relaciones Internacionales del Partido Laborista y traté de que el Comité Ejecutivo del partido y el propio partido convirtiesen la Liga, el sistema de la Liga y su desarrollo en la esencia y el motivo central de su política internacional. La Comisión Consultiva estaba integrada por «expertos» en asuntos exteriores, como Brailsford, C. R. Buxton, W. Arnold-Forster, Norman Angell y parlamentarios laboristas especializados en el mismo asunto. A medida que pasaba el tiempo, nuestro ámbito de acción aumentó de manera considerable; «aconsejamos» al Comité Ejecutivo y al partido mediante una serie de informes y memorandos, explicándoles, a veces intelectualmente con palabras de una sola sílaba, situaciones y problemas complicados, advirtiéndoles de crisis inminentes y sugiriéndoles modos en que la política general del partido podía aplicarse de manera práctica a dichas situaciones y problemas. En el Gabinete Internacional de la Sociedad Fabiana desempeñaba la misma labor, con la diferencia de que en la Comisión Consultiva del Partido Laborista tratábamos de educar a los líderes laboristas —a la élite política— y en la Sociedad Fabiana nos dirigíamos también a los militantes de base.

En los veintisiete años que fui secretario de la Comisión Consultiva del Partido Laborista sobre asuntos imperiales y del Gabinete Imperial de la Sociedad Fabiana traté de hacer con respecto al imperialismo, el imperio y las colonias algo parecido a lo que estaba haciendo con la Liga de Naciones y los asuntos exteriores. Mi objetivo, y creo que el de la Comisión Consultiva y el de la Sociedad Fabiana, era exponer ante el Partido Laborista y los militantes de base los hechos y problemas del imperio y el imperialismo, advertirles de los peligros inminentes y de las inevitables exigencias de independencia y autogobierno y proponer una política práctica y detallada que variase de un territorio a otro y mediante la cual todos ellos pudiesen conseguir dichos autogobierno e independencia y además se pudiera educar económica y políticamente a los pueblos donde la independencia no fuese posible de inmediato.

Ofrezco estos aburridos detalles políticos e institucionales porque me parecen esenciales para dar con la verdadera respuesta a la pregunta de la importancia y los efectos de los largos años de «trabajo», y de mi «trabajo» en particular. Y no creo que el aspecto particular de la pregunta —mi trabajo, mis objetivos y mi fracaso— sea el único implicado; el caso sin importancia estuvo relacionado y determinado por los acontecimientos históricos catastróficos que condujeron a la destrucción de la Liga de Naciones, la guerra con Hitler y la disolución del Imperio británico. Por eso me hago la absurda pregunta: ¿de qué sirvió todo ese trabajo? ¿Tuvo la más mínima importancia? ¿Consiguió alguna parte sustancial de lo que aspiraba a lograr?

Al considerar desde mis ochenta y ocho años los más de cincuenta y siete que dediqué a la política en Inglaterra, sabiendo lo que pretendía y los resultados, y al meditar sobre la historia de Gran Bretaña y el mundo desde 1914, veo con claridad que no he conseguido casi nada. El mundo hoy y la historia del hormiguero humano en los últimos cincuenta y siete años serían exactamente los mismos si me hubiese dedicado a jugar al ping-pong en lugar de a formar parte de comités y a escribir libros y memorandos. Por eso debo hacer ante mí mismo y ante cualquiera que pueda leer este libro la más bien ignominiosa confesión de que cuento en mi haber con ciento cincuenta mil o doscientas mil horas de trabajo totalmente inútiles. Objetivamente —ya hablaré con subjetividad de eso más tarde— me parece interesante porque arroja alguna luz sobre la determinación política de la historia.

Hay miles de personas haciendo la misma labor política que intenté hacer yo. Es una labor con un objetivo claro y directo: influir en la imaginación de las personas y alterar así el curso de los acontecimientos históricos en una u otra dirección.

No se me da mal ese juego. Ni creo pecar de engreído al decir que mi inteligencia, mi temperamento y mi experiencia me hacían especialmente apto para el trabajo político que traté de llevar a cabo. Poseo una inteligencia despejada y soy capaz de entender deprisa muchos problemas tanto prácticos como teóricos; en los siete años que pasé en Ceilán demostré, mediante mi fulgurante ascenso, que estaba por encima de la media en lo que se refiere al arte de la política y el gobierno; me gusta tomar decisiones difíciles, peligrosas e «importantes» y actuar en consecuencia; hasta que la edad me atemperó o castró, padecí, como político, la desventaja de contemplar a los estúpidos no con regocijo, sino con exasperación y desesperanza —y en política el número de estúpidos con quien uno tiene que tratar es altísimo—, sin embargo los muchos años en los que me las arreglé para dirigir las comisiones consultivas del Partido Laborista —correosas combinaciones de intelectuales y sindicalistas— demuestran, en mi opinión, que aprendí el arte de manejar y persuadir a todo tipo de personas; por último —y esto tiene particular importancia—, por suerte y gracias al desarrollo del juego pronto conocí, y en muchos casos llegué a ser amigo íntimo, de personas del Partido Laborista que ocupaban puestos de importancia y que, con el tiempo, llegaron a ser primeros ministros y miembros del gobierno: Ramsay MacDonald, Clem Attlee, Sidney Webb, Hugh Gaitskell, Hugh Dalton y otros muchos hombres de valía. La relevancia de lo que en la última frase me parecen, modestamente, hechos probados es que mi fracaso para lograr algo no se debió a la incompetencia personal, y que, si no conseguí nada, es casi seguro que todo el trabajo de otras muchas personas haya sido igual de fútil.

Para explicar y justificar lo que acabo de decir, expondré de forma desoladora y objetiva lo que me parecen ser los resultados positivos y negativos de mis doscientas mil horas de trabajo. En primer lugar, lo positivo. Creo poder destacar uno o dos éxitos mundanos. Malcolm Muggeridge me entrevistó tres días, ocho horas al día, para un programa de televisión de la BBC. Una entrevista en televisión hecha por Malcolm a propósito de la vida y opiniones de uno es, en cierto modo, una apoteosis popular para una persona como yo. La capacidad de Malcolm para otorgar la corona de la notoriedad a alguien poco conocido como yo es notable y puedo demostrarlo de manera evidente. A lo largo de muchos años, he abierto mi jardín al público una vez al año para ayudar al Real Instituto de Enfermeras de Distrito. Hasta abril de 1966 nunca había tenido más de cien visitantes el día de apertura. La entrevista de Malcolm se televisó en septiembre de 1966. El número de visitantes que pagó entrada por ver mi jardín en 1967 fue de trescientos cuarenta y ocho y en 1968, de cuatrocientos cincuenta y siete. Está claro que Malcolm, al entrevistar a alguien, aumenta su notoriedad (o la notoriedad de su jardín) en un doscientos ochenta y cuatro por ciento el primer año y un trescientos cincuenta y siete por ciento el segundo.

Mi segundo éxito mundano consistió en ganar el premio de mil libras W. H. Smith. Aunque aquí me refiero, claro, no tanto al éxito en su sentido más mundano, sino a los auténticos logros, los efectos positivos del trabajo y la vida de uno. Bueno, tuve cierta influencia tangencial en el establecimiento de la Liga de Naciones y en la constitución que se otorgó. En *Beginning Again* doy los hechos que demuestran que mi libro *International Government* «se utilizó considerablemente por parte del comité gubernamental que esbozó las propuestas británicas expuestas en la Conferencia de Paz, y también por la delegación británica en la Conferencia de Versalles». De 1920 a 1935 trabajé sin cesar a través de las comisiones consultivas del Partido Laborista, de la Sociedad Fabiana y también fuera de dichas organizaciones para lograr que los gobiernos británicos y por supuesto los gobiernos laboristas reforzaran la Liga, la utilizaran como el principal instrumento de su política internacional y de pacificación de Europa. Eso tuvo algunos efectos. La Ejecutiva del Partido Laborista y el propio partido adoptaron de hecho la política que les recomendó de manera tan insistente la Comisión Consultiva. Preparé escritos con Will Arnold-Forster para que Arthur Henderson los utilizara —y los utilizó— en la Liga; y, a través de Philip Noel-Baker, hice de vez en cuando algo parecido para lord Cecil cuando representaba al gobierno conservador en el Consejo de la Liga.

Creo que los cientos de horas que pasé trabajando como secretario de las dos comisiones consultivas del Partido Laborista —sobre asuntos internacionales e imperiales— tuvieron diversos efectos. Cuando, después de la guerra de 1914, el partido laborista empezó a recuperarse de la elección de Lloyd George y se convirtió en la alternativa al gobierno conservador, cuando de hecho cambiaron las tornas y en las elecciones de 1924 salieron elegidos tantos parlamentarios laboristas que Ramsay MacDonald formó el primer gobierno laborista, la estructura de clases del partido en la Cámara le otorgó su peculiar color intelectual. La mayoría de los parlamentarios laboristas eran de clase obrera y sindicalistas, pero había una pequeña e influyente minoría —que ocupaba puestos claves en el gobierno— de intelectuales de clase media, muchos de los cuales habían iniciado su vida política como liberales. Los sindicalistas sabían o creían saber todo lo que había que saber sobre el sistema industrial y económico, pero ignoraban por completo y no se interesaban lo más mínimo por los asuntos exteriores, la Liga y los problemas del imperio. Resulta revelador que, en 1924, cuando el futuro del imperio, las colonias y el «colonialismo» era la cuestión política esencial, MacDonald pusiera al frente del Ministerio de las Colonias a J. H. Thomas, un bufón político frívolo e ignorante. Las comisiones consultivas hicieron lo que pudieron por compensar aquella ignorancia y apatía. Hombres cultos y experimentados como Charles Buxton y Will Arnold-Forster en la Comisión Internacional, y Buxton y sir John Maynard en la Comisión Imperial, llevaron a cabo una labor ingente por educar al partido entre 1920 y 1930. Varios parlamentarios laboristas ingresaron en las comisiones y asistieron regularmente a sus reuniones. Continuamos redactando escritos para los debates en la Cámara, y gradualmente ayudamos a crear un núcleo de parlamentarios con auténtica formación y comprensión de los problemas. Parlamentarios como sir Drummond Shields, que llegó a ser viceministro de la India y del Ministerio de las Colonias, y Arthur Creech Jones, que llegó a ser ministro de las Colonias, siempre reconocieron que su formación en la política imperial procedía en gran parte de la comisión. También proporcionamos al partido una política avanzada en lo que se refería a la Liga de Naciones, la India y el imperio, o, finalmente, a la Commonwealth. Cuando, a principios de los años veinte, Charles Buxton y yo elaboramos un detallado programa para el desarrollo y la educación de las colonias africanas y el Partido Laborista lo adoptó como su política oficial, tuvimos la impresión de que habíamos logrado algo importante de verdad.

Fue una ilusión. El trabajo que hacíamos estaba, claro, íntimamente relacionado con los importantísimos acontecimientos históricos ocurridos entre 1919 y 1939 y creó el campo magnético que he descrito antes. Tuvo el típico efecto que ejercen esos campos magnéticos en todos nosotros. Por muchas veces que uno se haya desilusionado, es casi inevitable que sienta una vaga sensación de importancia (incómoda o incluso culpable) cuando va a reunirse con el primer ministro, aunque se trate de Ramsay MacDonald, en la Cámara de los Comunes, para discutir con él una peligrosa y complicada crisis internacional o los pasos vacilantes de la India hacia el autogobierno. Todo fue tan falso como el propio primer ministro. Tómese por ejemplo el caso de la Liga de Naciones. Todavía estoy convencido de que después de la guerra de 1914 la única esperanza de evitar una segunda guerra radicaba en la fundación de una Liga eficaz, el inicio de un nuevo orden internacional, basado en la ley, la seguridad colectiva y la resolución pacífica de los conflictos. También creo que, si los gobiernos británicos se hubiesen esforzado de verdad en establecer la Liga y la hubiesen utilizado como instrumento de su política en la confusión que siguió inevitablemente en tiempo de paz a la confusión de la guerra, podrían haberlo conseguido, podrían haber logrado apoyo suficiente de los demás Estados del mundo para persuadir o incluso obligar primero a la Francia victoriosa y luego a la renaciente Alemania a trabajar por la paz en lugar de insistir en políticas que solo podían conducir a la guerra.

De hecho, nunca hubo verdaderas esperanzas de que eso ocurriera. Los gobiernos y los hombres de Estado conservadores, desde Baldwin y Samuel Hoare hasta Neville Chamberlain, nunca creyeron en la Liga ni trataron de utilizarla: aunque la alabaran ocasionalmente, se tenían a sí mismos por «hombres prácticos» y estaban convencidos de que la Liga era un camelo de los «idealistas». Desde el comienzo de la historia, han sido los hombres prácticos y no los idealistas quienes, gracias a sus políticas prácticas, han producido la interminable serie de desastres y el catálogo de miserias que llamamos historia de la humanidad. Han producido a Hitler y la Segunda Guerra Mundial. El único estadista conservador que comprendió que el sistema de seguridad colectiva podía utilizarse para prevenir esa guerra fue Churchill, y cuando reparó en ello ya era demasiado tarde. En cuanto a los hombres de Estado y los gobiernos laboristas, trabajar con ellos en los años veinte no pudo ser más frustrante. Fueron gobiernos de corta vida y sin mayoría en la Cámara. Ramsay MacDonald se dedicó a dar palos de ciego en política internacional, igual que en todo lo demás. Solo Henderson comprendía lo que significaba la política de la Liga y no contaba con el apoyo de Ramsay. Cuando, tal como conté en *Downhill All the Way*, animamos a los dirigentes laboristas a ofrecer un gobierno de coalición a Winston Churchill como última oportunidad de disuadir a Hitler de iniciar una guerra mundial —justo el paso que dieron cuando ya era demasiado tarde y Hitler había empezado la guerra— ninguno de ellos se lo tomó en serio. Se supone que los estadistas controlan los acontecimientos y, de hecho, fingen hacerlo, pero la mayoría se contenta casi siempre con dejarse controlar por ellos. Por eso, cuando los científicos, producen bombas tan eficientes que podrían destruir a toda la raza humana en menos de media hora, y cuando pueden enviar hombres a la Luna y traerlos de vuelta, los estadistas y los gobiernos permiten que un psicópata demente controle las relaciones internacionales y los pueblos de Europa durante años y toleran el caos económico y político de Vietnam a Nigeria y de Moscú a Washington.

Mi labor en lo que respecta al imperio y el imperialismo fue igual de fútil. En cierto modo fue incluso más exasperante. Durante los años veinte hubo dos problemas de crucial importancia: en primer lugar, tuvimos que discutir con los habitantes de territorios como la India, Birmania y Ceilán los métodos por los que podían pasar de una situación subordinada a la independencia; en segundo, fue necesario preparar aquellos territorios, sobre todo africanos, que no estaban maduros para la independencia inmediata, mediante la educación y el desarrollo económico de manera que pudieran pasar lo más rápidamente posible por las diversas etapas de autogobierno hasta llegar a la independencia. Cuando expusimos todo eso ante los dirigentes y gerifaltes laboristas, y desarrollamos con cierto detalle el proceso mediante el cual podía ponerse en práctica dicha política, la aceptaron y la convirtieron en el punto de vista oficial del partido. Pero, llegado el momento de ponerla en práctica, los gobiernos y los ministros laboristas casi nunca lo intentaron. En mi recuerdo destacan dos incidentes (que ya he descrito previamente en *Downhill All the Way*) característicos de los ministros laboristas. En el primero, Charles Buxton y yo, como portavoz y secretario de la Comisión Consultiva, nos sentamos absurdamente en una Cámara de los

Lores totalmente vacía, uno a cada lado de Sidney Webb, entonces lord Passfield y ministro de las Colonias, y le insistimos en vano en que cumpla las promesas del partido e incluya una suma despreciable en el presupuesto de Kenia para la educación de los niños africanos y la construcción de carreteras en las reservas africanas. En el segundo estoy sentado, una vez más en compañía de Charles Buxton, al extremo de una larga mesa en el número 11 de Downing Street; en el otro extremo está Clem Attlee, antes de ser nombrado lord, cuando era viceprimer ministro y presidente del Consejo en el Gabinete de Guerra de Churchill, y recibimos un pétreo rechazo tras animarle a hacer todo lo posible por poner en práctica la política del partido a propósito de una crisis recurrente en los asuntos de la India.

Por supuesto, es posible que me engañe por completo al pensar que la política de la Liga de Naciones en los asuntos internacionales y un rápido progreso hacia la independencia y el autogobierno en los asuntos imperiales podrían haber salvado al mundo de Hitler y de la guerra y garantizado una disolución menos sangrienta y caótica de los imperios. No obstante, hay algunos hechos que me hacen pensar que es posible que esté en lo cierto. Nadie puede negar que las políticas que se siguieron han producido más horrores, miseria y barbarie en los últimos treinta años que en cualquier otra época de la historia. Sin duda es significativo que, una y otra vez, las medidas que sugeríamos en los años veinte, y que rechazaron por utópicas los estadistas «prácticos», hayan sido adoptadas por esos mismos estadistas veinte o cuarenta años después cuando era demasiado tarde para que fuesen eficaces. Después de todo, los estadistas prácticos que se habían negado a utilizar la Liga de Naciones antes de la guerra por utópica e idealista, la resucitaron bajo el nombre de Naciones Unidas después de la guerra y la siguen utilizando tan mal como a su predecesora. En *Downhill All the Way* he dado los motivos por los que creo que «la perpetua tragedia de la historia consiste en que las cosas se hacen siempre con diez o veinte años de retraso» y no los repetiré aquí.

En cuanto al efecto subjetivo de considerar una vida de ochenta y ocho años y doscientas mil horas de trabajo y llegar a la aleccionadora conclusión de que han sido, si no totalmente fútiles, al menos básicamente ineficaces, hay dos aspectos de esa imagen. En primer lugar, está el efecto directo sobre mí del estado del mundo y el clima de civilización o de barbarie. Estoy apasionadamente a favor de lo que llamo vida civilizada; odio apasionadamente lo que llamo barbarie. Cuando de niño oí a mi padre decir un día en el almuerzo, a propósito de las normas que uno debe cumplir en la vida, que bastaba con seguir el consejo del profeta Miqueas: «Lo que el Señor de ti reclama: obra justamente, ama la clemencia y camina humildemente con tu Dios», estoy seguro de que en realidad no entendí a lo que se refería, sin embargo creo que sus palabras calaron de un modo curioso en mi alma —si es que tengo tal cosa— y mi inteligencia y causaron un profundo efecto, pues aunque lo que cuento debió de ocurrir hace más de ochenta años, todavía puedo ver la escena, con todos los niños sentados en torno a la mesa un domingo, el enorme solomillo apareciendo debajo de la gran tapadera de plata, mi padre con su rostro serio y sensible inclinado sobre la carne con el cuchillo de trinchar mientras citaba al profeta Miqueas, y el rostro más bien sorprendido y avergonzado de mi primo Benny, que no acostumbraba a andar ni hablar humildemente con su Dios ni con nadie.

Como Benny, nunca he sentido mayor interés por Dios ni por andar de manera humilde con él, pero creo profundamente en las otras dos normas. La justicia y la clemencia me parecen la base de la vida civilizada y la sociedad, siempre que incluyamos la tolerancia en la clemencia. Es, claro, la visión semítica, pero cuando supe después que los griegos le habían añadido la visión de la libertad y la belleza —τὸ καλόν καὶ ἀγαθὸν— descubrí, al añadir las palabras de Miqueas al discurso de Pericles en Tucídides, lo que ha sido hasta hoy mi imagen de la civilización. Mis sentimientos en lo que se refiere a la justicia comunitaria, la clemencia, la tolerancia y la libertad son tanto éticos como estéticos, y esa combinación es la que otorga a lo que siento por eso que llamo civilización tanto su intensidad como una especie de austeridad. Las imágenes de la civilización y la activación parcial, dubitativa y fluctuante de dichas imágenes en la bárbara historia del hombre, y los ejemplos clásicos en que los individuos lo han arriesgado todo en una lucha por la justicia, la clemencia, la tolerancia y la libertad contra las fuerzas atrincheradas de reyes y emperadores, contra los Estados y las clases dirigentes, los soberanos y las grandes potencias, siempre me han inspirado no solo una clara intuición de lo que está bien y mal, y de lo que es justo e injusto, sino también la misma emoción que obtengo de manera aún más intensa de una obra de teatro de Sófocles o de Shakespeare, del Partenón o la Acrópolis, de un cuadro de Piero della Francesca, de una suite para violoncelo de Bach o del último movimiento de la última sonata de Beethoven. Ejemplos reales son la descripción de la civilización ateniense de Pericles; el proceso de abolición de la esclavitud y el discurso de Pitt mientras el sol se alzaba sobre el Parlamento después de un debate que había durado toda la noche; Voltaire en el caso Calas, y Zola en el caso Dreyfus; las apasionadas campañas de Gladstone por la libertad en Irlanda, y por la justicia y la clemencia en Armenia.

He aquí los aspectos positivos de mi filosofía política, siempre que no sea demasiado pretencioso denominar así mis creencias, sentimientos y deseos políticos. El aspecto negativo es más relevante para la sensación con que rememoro autobiográficamente los efectos de mis doscientas mil horas de trabajo. La injusticia, la crueldad, la intolerancia y la tiranía me colman de repugnancia e indignación. Ver a los gobiernos de Gran Bretaña, Francia y Estados Unidos destruir la Liga como instrumento potencial para la paz y la civilización contra Hitler y los nazis; ver cómo la salvaje locura de Hitler se contagiaba a millones de alemanes y empujaba a Europa y al mundo inexorablemente a la guerra; observar la cruda crueldad y estupidez del comunismo soviético y el telón de acero, desde las matanzas de Stalin hasta la invasión de Checoslovaquia; observar a millones de chinos ignorantes y a muchos europeos occidentales, que deberían estar mejor informados, jalear las imbecilidades y salvajadas de Mao y el comunismo chino como revelaciones divinas políticas y económicas; ver a los estadounidenses demostrar una inteligencia y una habilidad sobrehumanas al enviar a tres astronautas a la luna y librar al mismo tiempo una guerra inútil, estúpida, injustificada y sangrienta en Vietnam; asistir, tal como era de esperar, a la disolución del imperialismo y el colonialismo y luego descubrir, en lugar de los imperios, las caóticas brutalidades y las bombas de hidrógeno de Mao en China, la hostilidad absurda entre Pakistán y la India, la guerra interminable entre árabes e israelíes, la primitiva brutalidad del apartheid en Sudáfrica y Rodesia, el flujo y el reflujo de caos, baños de sangre y crudo autoritarismo de los nuevos estados africanos independientes…, cuando considero todos estos hechos del mundo de hoy, siento un agudo dolor, compuesto, creo, de decepción, horror, incomodidad y repugnancia.

Tales son mis reacciones a los hechos; excepto por la palabra «decepción», no arrojan ninguna luz sobre mis reacciones a mi propio fracaso y futilidad. No creo que en última instancia me preocupen demasiado el éxito o el fracaso como vivencias subjetivas. Cuando era secretario de las comisiones consultivas del Partido Laborista, había miembros de las mismas que a veces venían a verme convencidos de que deberíamos dejarlo: trabajábamos muchísimo sin resultado, el partido aceptaba nuestros memorandos e informes, e incluso adoptaba oficialmente la política que le sugeríamos, y aun así no hacía nada. Yo trataba de tranquilizarlos, y por lo general lo conseguía. Les decía que de vez en cuando conseguíamos que el partido adoptara oficialmente alguna política de importancia e incluso que la pusiera en práctica; ayudábamos al Ejecutivo y a los miembros del Parlamento a entender problemas cruciales internacionales e imperiales; en ocasiones impedíamos que algún político poco importante o incluso importante se descarriara por completo. Era cuestión de echar pan sobre las aguas, de que el cielo se alegrara con la conversión de un único pecador, de contentarse con los pequeños logros o avances, etcétera, etcétera.

Esas migajas de consuelo endulzadas con unos cuantos tópicos sacados de Pecksniff y Micawber parecían, como he dicho, tranquilizar e incluso convencer a los miembros del Parlamento y a los frustrados miembros de las comisiones. No creo que nunca llegaran a convencerme a mí, ni que fuesen los verdaderos argumentos o motivos que me impulsaron a dedicar tanto trabajo durante tanto tiempo a unos resultados invisibles y probablemente ilusorios. Mi actitud al respecto era y creo que sigue siendo muy distinta. Para la mayoría de los hombres, que no son grandes hombres ni grandes criminales o ambas cosas, hay tres modos de resignarse a la impotencia de controlar nuestro destino o afectar de algún modo el curso de los acontecimientos: el primero, que es el que adopta la gran mayoría de las personas desde que nace hasta que muere, es no darse por enterado, vivir lo mejor posible, ganarse la vida, casarse, ingresar en un club, jugar alguna que otra partida al golf o al billar, ver la televisión, comer y beber que mañana moriremos y, efectivamente, morirse. El segundo modo de ordenar la vida en un mundo y un universo que ellos tienen por hostiles es el que adoptan una minoría de personas extremadamente inteligentes y sensibles. La mayoría son artistas —escritores, pintores o compositores— y, si son grandes, crean un mundo nuevo, tanto para ellos como para otras personas. Aunque he conocido a unos cuantos dentro de este grupo de personas que no son artistas ni creativos y que han encontrado un modo ligeramente distinto de desafiar al destino. Son derrotistas: dejan de luchar, giran sobre sí mismos y viven en un capullo de irrealidad y excentricidad. El ejemplo más curioso de esa existencia ensimismada es el de Saxon Sydney-Turner, cuya personalidad y forma de vida traté de describir en el primer volumen de mi autobiografía *Sowing*.

El tercer modo es el que, al igual que muchas otras personas, y no tanto conscientemente como por un rasgo innato de mi carácter, he seguido yo. No puedo desentenderme del mundo; no puedo resignarme del todo a mi destino; en algún sitio en la boca de mi estómago hay una chispa de fuego o de calor que en cualquier momento puede convertirse en llamas y obligarme violentamente a seguir algún camino o perseguir algún fin —sin duda una sombra de un sueño o un *ignis fatuus* político la mayoría de las veces— en contra de los cálculos de la razón o la probabilidad. Es en la boca del estómago y en las regiones más frías de mi cerebro donde siento y pienso acerca de lo que veo que sucede en el hormiguero humano, en los acontecimientos históricos y políticos que, en mi opinión, señalan la diferencia entre una buena y una mala vida, entre la civilización y la barbarie. No me cabe duda de que si, en algún momento, me hubiera convencido por completo de que mi trabajo político no tenía el menor efecto en ningún sentido, lo habría dejado y me habría retirado a cultivar mi jardín…, el último refugio de la desilusión. Pero la sombra de la sombra de un sueño es una zanahoria lo bastante buena para que el burro humano siga adelante setenta años (y en mi caso ochenta y ocho), y esa es la razón de que nunca haya podido resignarme a la lógica de los acontecimientos y siga sin poder hacerlo. Por lo visto, en esas cosas, «no abandonaré la lucha mortal» y mi espada «no dormirá en mi mano», aunque sé muy bien que no se construirá ninguna Jerusalén, sino horribles casas de ladrillo rojo, en lo que antes era «la tierra verde y hermosa de Inglaterra».[23]

Todas estas excusas y explicaciones de por qué he trabajado doscientas mil horas en vano son sin duda tan solo otra manera de confesar que el campo magnético de mis propias ocupaciones ha producido el habitual efecto de hacerme pensar que eran importantes. Lo cual me lleva a una última excusa o explicación. Como he dicho antes, toda mi vida he creído y sigo creyendo hoy que he actuado movido por la creencia de que hay dos niveles o grados de importancia. *Sub specie aeternitatis*, desde el punto de vista de Dios o más bien del universo, nada humano tiene la menor importancia; pero en la vida personal de cada cual, en términos de humanidad, historia humana y sociedad humana, ciertas cosas poseen una importancia inmensa: las relaciones humanas, la felicidad, la verdad, la belleza o el arte, la justicia y la clemencia. Por eso, en la vida privada y personal, un hombre sensato nunca se alzará en armas contra un piélago de dificultades, sino que sufrirá los golpes y dardos de la insultante fortuna diciéndose: «Estas cosas tienen momentáneamente una importancia terrible, aunque en el futuro y en la eternidad no la tengan». Y, en un contexto más amplio, aunque todo lo que intenté hacer en política fuese del todo fútil, ineficaz y carente de importancia, para mí personalmente fue justo e importante hacerlo, aunque en el fondo supiera que era ineficaz y sin importancia. Lo que equivale a decir que estoy de acuerdo con Montaigne, el primer hombre civilizado moderno, cuando dice en alguna parte: «Lo importante no es llegar, sino el viaje».

4

Todos nuestros ayeres

Una de las cosas curiosas en las que repara uno al repasar su vida es en que dos o tres acontecimientos, ocurridos hace muchos años y cuyas consecuencias desaparecieron bajo la superficie como torrentes y arroyos subterráneos afloran luego, igual que esos manantiales que forman afluentes y van a parar al río, y reaparecen con consecuencias de cierta importancia. Algo así me ocurrió en 1943. Todo empezó casi veinte años antes, en los primeros tiempos de Hogarth Press, con una carta de Phil Noel-Baker. Phil estuvo por un tiempo en el Secretariado de la Liga de Naciones en Ginebra. Recibí una carta suya preguntándome si podría encontrar trabajo para una joven, Alice Ritchie, a quien acababan de despedir, en su opinión injustamente, de un puesto de responsabilidad en el Secretariado. Alice era una joven notable con un carácter muy peculiar. No recuerdo ahora qué fue lo que motivó su despido, aunque creo que se trató de alguna crítica inexcusable a algún superior que el superior en cuestión debería haber excusado.

Vi a Alice y le ofrecí un puesto de representante de Hogarth Press. Fue la primera mujer en desempeñar ese empleo en una editorial en Gran Bretaña. Demostró ser una representante bastante buena aunque poco convencional y por lo general le gustaba llevar los libros de Hogarth Press a las librerías para solicitar pedidos. Pero era mucho más que una simple representante. También escribía. Había nacido en Sudáfrica y se había educado en Newnham, pero sus raíces estaban en el norte de Gran Bretaña, pues su padre, un arquitecto, había nacido en Escocia y su madre en Durham. Tenía un hermano, Pat, y una hermana pequeña, Trekkie. La familia se instaló definitivamente en Inglaterra durante la guerra de 1914, porque el padre, que ya había combatido en la guerra de los Bóers, decidió que debía luchar por Gran Bretaña en la Gran Guerra. Pat, que todavía era un adolescente y a quien apasionaba volar, se alistó en la RFC, siguió en la RAF después de la guerra y llegó a ser teniente general del Ejército del Aire. Recuerdo divertido sus intentos por convencerme, a principios de los años veinte, de que el avión era ya un medio de transporte seguro. Con muy poco tacto por mi parte, yo le había dicho a Alice que en mi opinión aún no lo era. En esa época Pat estaba destinado en el oeste, pero una vez a la semana tenía que ir a Londres al Ministerio del Aire. Cuando Alice le contó lo que yo había dicho, se ofreció a llevarme a dar un paseo en avión desde Hendon para demostrarme que estaba equivocado. Pasó muchas semanas llamándome por teléfono todos los viernes, pero nunca hacía buen tiempo para volar. No obstante, por fin me telefoneó un día, afirmó que todo estaba perfecto y que Virginia y yo podíamos partir para Hendon. Pat fue a buscarnos y nos llevó al aeródromo. Tuvimos que esperar un buen rato y luego Pat llegó desconsolado con la noticia de que por culpa de no sé qué impedimento el avión no podía utilizarse. La semana siguiente lo trasladaron a otro cuartel y para mi desgracia nunca dejé la tierra en un avión pilotado por Pat Ritchie.

Como he dicho, Alice era una mujer notable y demasiado inteligente para pasarse la vida haciendo de representante. Escribió dos novelas, *The Peacemaker* y *Occupied Territory*, que publicamos en Hogarth Press. La primera se basaba en el tiempo que pasó en la Liga de Naciones y la segunda en sus vivencias en la Alemania ocupada después de la guerra, cuando su padre, que era coronel, estuvo allí al mando de su regimiento. Ambos libros demostraban auténtico talento y eran muy prometedores. Poseía mentalidad de novelista y temperamento de artista, pero padecía un fallo psicológico que le hacía casi imposible afrontar la última palabra, pincelada o nota en una producción artística. Pertenecía a esa extraña raza de escritoras que, como Penélope, deshacen de noche lo que han hecho durante el día. Día tras día, Alice se pasaba la mañana escribiendo y por la tarde rompía todo lo que había escrito. Esta enfermedad de la esterilidad artificial no es rara entre los escritores, sobre todo entre los novelistas, y quienes la sufren son buenos escritores en potencia. La causa no siempre es la misma. En la mayor parte de los casos, creo que se debe al miedo a cortar el cordón umbilical que une la obra de arte al artista, una negativa, casi siempre inconsciente a arrojar al niño a los leones, el libro a los críticos. Virginia, como ya he dicho, compartía aquel horror a cortar el cordón umbilical, pero, como muchos de su familia, combinaba la inestabilidad nerviosa y la hipersensibilidad a flor de piel con una notable resistencia mental, y con cada libro que escribía siempre llegaba un momento en que decía: «Que lo publiquen y se vayan al demonio».[24]

Creo que Alice tenía miedo a cortar el cordón umbilical, pero la causa principal de su esterilidad artística, de su incapacidad para acabar un libro, era diferente. Su psicología era parecida a la de Desmond MacCarthy. Los griegos decían que «lo mejor es enemigo de lo bueno». Las exigencias artísticas de Desmond eran tan altas que, sabedor de que nunca las cumpliría en la práctica, ni siquiera intentó escribir la novela de la que siempre hablaba. Su apocamiento era una mezcla de pereza mental y cobardía artística. Alice padecía las mismas inhibiciones. No era tan perezosa mentalmente como Desmond, pero tenía el mismo pavor a comprometerse en lo artístico. No inventaba, como hacía él, buenas y malas razones para no escribir; dedicaba tiempo a redactar su novela antes de mediodía, y antes de medianoche descartaba lo que había escrito. Con la esperanza de curarla de aquella enfermedad, la convencí de que me enviara cada mañana lo que hubiera escrito, pero fue inútil. Al cabo de una semana o más se volvió atrás y tuve que devolverle lo que me había enviado. Penélope volvió a empezar desde el principio y nunca llegó a escribir su tercera novela.

Alice tenía una vena melancólica que tal vez fuese en parte la causa o el efecto de su esterilidad como escritora. Al cabo de unos años dejó el trabajo en Hogarth Press, aunque Virginia y yo le teníamos mucha simpatía y seguimos viéndola de vez en cuando. Pero en los años treinta se marchó a Palestina, donde fue a cuidar de la casa de su hermano Pat, a quien habían ascendido y trasladado en esos tiempos tan turbulentos. Apenas supe nada de ella y fue como si hubiese desaparecido de mi vida. Pero a mediados de 1941 recibí una carta suya en la que me preguntaba si podría ir a verla a Londres, pues estaba enferma.

A Pat, que ya era coronel, lo habían trasladado a Inglaterra al empezar la guerra y Alice había vuelto con él. La encontré en Victoria Square, muy enferma y muriéndose de cáncer. Los meses siguientes —de hecho, hasta que el cáncer la mató— pasé a verla siempre que viajé a Londres. Parecía estar enfrentándose valientemente a la muerte, con los ojos abiertos. Y hablábamos igual que lo habíamos hecho siempre. Pero estábamos bajo la sombra de la muerte. Cuando veo a alguien —sobre todo si es alguien joven como Alice— que se está muriendo, cuando me siento a su lado sabiendo que se está muriendo, y, en su caso, sabiendo que ella lo sabe, tengo la terrible sensación de que el tiempo se ha detenido, la tierra ha dejado de girar y el universo se ha ralentizado, como si esperásemos en el vacío la catástrofe final, la desaparición de una vida.

No creo caer en el sentimentalismo ni estar engañándome a mí mismo con lo que acabo de escribir. Por muy sofisticado y ateo que seas, hay en tus tripas, en la boca de tu estómago, en el fondo de tu corazón y en tus circunvoluciones cerebrales una actitud primitiva hacia la muerte. Yo la tengo y siempre la he sentido intensamente. Vi al cachorrillo agonizando en el cubo de agua; en Ceilán, en la factoría de perlas, vi al árabe muerto en la arena a la orilla del mar; vi a Alice muriendo de cáncer en Victoria Square; años después, solo un día antes de su fallecimiento, fui a ver a Clive Bell que moría de cáncer, incapaz ya de hablar, cuyos ojos buscaban a la muerte en la habitación donde se había detenido el tiempo, pero que seguía queriendo oírme hablar de las trivialidades de los vivos; vi el cuerpo sin vida de Virginia en el depósito de cadáveres de Newhaven. En todos esos casos, por mucho o poco que estuviesen implicados mis sentimientos personales, tuve la sensación primitiva de que el tiempo se detenía y el universo dudaba, esperaba atemorizado, lastimoso y compasivo, la aniquilación o eliminación de una vida, de un ser vivo.

Si uno es el Papa, el arzobispo de Canterbury, el rector de Rodmell, la reina de Inglaterra, el director de Eton, el lord canciller, el director general de la BBC, o una persona mucho menos distinguida pero aterrorizada por la perspectiva de la muerte, creerá que la verdad absoluta sobre la vida, la muerte y la inmortalidad fue revelada hace tres, cuatro o cinco mil años a unos salvajes semitas en las arenas del Sinaí y en la pedregosa ciudad de Jerusalén, o, si no puede tragarse eso, creerá que la verdad absoluta sobre la inmortalidad puede encontrarse en la boca del estómago donde, por una extraña alquimia, el miedo primitivo y el pensamiento ilusorio producen esa verdad absoluta. Ojalá pudiera creerlo yo también, pero no tengo fe en la boca de mi estómago ni en la de nadie, y no veo más razones para aceptar los sueños y pesadillas de unos salvajes semitas sobre la muerte y la inmortalidad que sus opiniones sobre la naturaleza del trueno o el origen de las especies.

Alice murió. Un tiempo después recibí una carta de su hermana Trekkie; decía que había estado enferma, aunque ya casi se había recuperado, y me pedía que fuese a verla. La había visto una o dos veces en los días lejanos en que Alice trabajaba con nosotros en la editorial. Por aquel entonces era una mujer muy joven y extremadamente hermosa, que estudiaba pintura en la Slade. Diseñó las sobrecubiertas de las novelas de Alice y alguna otra. No creo que nos viéramos entre 1930 y 1942. Se había casado con Ian Parsons, el editor, uno de los directores de Chatto & Windus, y vivían en una casa en Victoria Square: Alice pasó con ellos los últimos meses de su vida.

Fui a visitar a Trekkie y cené con ella y con Ian en Victoria Square, pero no los vi mucho hasta finales de 1942. Fue uno de los momentos más deprimentes de una guerra muy deprimente. Ian estaba en la RAF, en las entrañas de la tierra en Westminster, escudriñando fotografías de aeródromos en la Europa ocupada y Trekkie iba todos los días en un ciclomotor a un departamento supersecreto del Ministerio de la Guerra en Petersham. Sin embargo, a finales de ese año, empecé a frecuentarlos más y Trekkie fue a quedarse una semana en Rodmell. Eso alteró tanto el ritmo de mi vida como el futuro de Hogarth Press. Por lo que se refiere a la editorial, gracias a que conocía a Ian pude ir directo a verle, como he descrito en un capítulo anterior, cuando John Lehmann me puso en la cabeza la pistola de la disolución de nuestra sociedad, y preguntarle si él y sus socios de Chatto & Windus estarían dispuestos a ocupar el lugar de John en Hogarth Press. De ahí que la fortuna de la editorial (a la que John, muy acertadamente, acusaba de publicar libros de manera amateur y que pronto se transformaría en una mucho más digna sociedad limitada) y mi carrera de editor aficionado quedaran indisoluble, feliz y provechosamente ligados a los de Ian y Chatto los siguientes veintidós años.

Por lo que se refiere al ritmo de mi vida, a medida que 1943 declinaba y se extinguía, empecé a frecuentar más a Trekkie tanto en Londres entre los escombros de Mecklenburgh Square como, de vez en cuando, los fines de semana en Rodmell. En octubre me trasladé de Mecklenburgh a Victoria Square y así, cuando estaba en Londres, me convertí en vecino de los Parson. En 1944, después de la invasión, Ian fue a Francia y Trekkie se instaló en Monks House. Dejaron su casa de Victoria Square y decidieron que después de la guerra buscarían una casa cerca de la mía en Sussex. Estuvimos buscando muchos meses en los alrededores y por fin encontraron y alquilaron una casa en Iford, que es el pueblo más cercano a unas dos millas de Rodmell. También acordamos que compartirían conmigo el primer y el segundo piso de mi casa de Victoria Square.

Así, cuando terminó la guerra y desmovilizaron a Ian, empezó para nosotros un nuevo ritmo de vida. Yo pasaba una o dos noches a la semana en Victoria Square para hacer mi trabajo en Hogarth Press y en las distintas comisiones políticas; Trekkie hacía lo mismo, pero se quedaba conmigo en Rodmell durante la semana. Cultivábamos apasionadamente nuestros jardines, los Parson en Iford y yo en Rodmell.

En 1946, cuando empezó aquel nuevo ritmo de vida, yo tenía sesenta y seis años, un momento en el que uno pasa o está pasando de la mediana edad a la vejez y en el que en muchas esferas de la vida se le anima oficialmente a jubilarse y cobrar una pensión. En los últimos veintidós años he ido abandonando lentamente la mayoría de mis actividades políticas. En 1946, después de veintisiete años de arduo trabajo, dimití de la Comisión Consultiva del Partido Laborista y me regocijó que el secretario del partido me comunicara que la Ejecutiva Nacional había aprobado «por aclamación» una resolución «destacando su profunda apreciación por mis grandes servicios prestados al partido mediante el trabajo entusiasta y continuado a lo largo de muchos años de profundo desánimo». Creo que muchos de los que estaban conmigo en la comisión habrían estado de acuerdo en que gran parte de aquel desánimo procedía de la propia Ejecutiva Nacional. No obstante, cualquier persona sensata acepta agradecido el hecho de que si alguna vez le dedican una flor será cuando dimita o muera.

En 1967 Hogarth Press celebró su cincuenta aniversario.

Resulta sorprendente que haya sobrevivido medio siglo y que siguiera floreciente cincuenta años después de que Virginia y yo empezáramos a imprimir *Dos historias*, por Virginia y Leonard Woolf, en el comedor de Hogarth House en Richmond. Yo tenía treinta y siete años cuando imprimimos y publicamos nuestro primer libro y por tanto ochenta y siete cuando la editorial cumplió medio siglo. Era y supongo que sigue siendo igual de sorprendente que yo fuese y siga siendo el director y que participe de manera activa, aunque modificada, en sus actividades. La ventaja —y tal vez también a menudo la desventaja— de ser, como dice el Ministerio de Hacienda, un autoempleado es que nadie puede pedirte que dimitas. Dado que sigo siendo capaz, hasta cierto punto, de andar, ver, oír y pensar, todavía puedo viajar a Londres una vez a la semana a mi despacho, leer manuscritos y ocuparme de los principales problemas que implica la edición.

En la superficie, Hogarth Press, como negocio editorial, ha cambiado considerablemente desde que John Lehmann se marchó en 1946. Ahora es una sociedad limitada y tengo varios directores adjuntos. De hecho, aunque desde el punto de vista de las técnicas de impresión, encuadernación, venta, distribución y contabilidad se ha convertido en una organización grande y eficiente muy distinta de lo que fue en sus primeros treinta años de existencia, su naturaleza espiritual o intelectual no ha cambiado significativamente.

Es, claro, una de las muchas empresas filiales de Chatto & Windus Limited. Cuando Ian y yo acordamos en 1946 que Chatto & Windus ocuparía el lugar de John, los directores de Chatto eran, como he dicho, Harold Raymond, Ian, Norah Smallwood y Piers Raymond. La actitud de los cuatro con respecto a los libros, la literatura y el negocio editorial era la misma que la mía, por lo que el catálogo publicado por Chatto era, en esencia, una versión ampliada del catálogo publicado por Hogarth Press. Por eso nunca tuvimos el menor desacuerdo respecto a lo que debía ser y hacer la editorial.

Creo por ello que nuestras publicaciones de los últimos veintidós años no han cambiado de nivel, número o naturaleza. La editorial continúa siendo un negocio pequeño con un catálogo anual de diez o doce libros a lo sumo. Somos y hemos sido siempre una editorial desvergonzadamente intelectual, pero en los últimos veintidós años, igual que en los treinta anteriores, hemos tenido un número sorprendentemente grande de éxitos de ventas y muchos libros y autores han seguido vendiéndose bien después de muchos años.

En los párrafos anteriores he tratado del efecto del ritmo de mi vida desde que acabó la guerra sobre mis ocupaciones políticas y editoriales a medida que me internaba en la vejez. Poco a poco me he ido desembarazando de mis anteriores responsabilidades y ahora paso mucho menos tiempo dedicado a ellas que hace veinte años. La tercera gran ocupación de mi vida ha sido escribir, y en la medida en que he dejado de ser político y editor me he convertido en un escritor mucho más prolífico. Publiqué *Principia Politica* en 1953, *Sowing* en 1960, *Growing* en 1961, *Beginning Again* en 1964 y *Downhill All the Way* en 1967. Creo haber disfrutado mucho con muchas cosas a lo largo de mi vida. Comer y beber, leer, pasear y montar a caballo, cultivar un jardín, los juegos de todo tipo, los animales, la conversación, los cuadros, la música, la amistad, el amor, la gente..., son cosas que invariablemente proporcionan placer, aunque varíe, claro, la cualidad y la intensidad. Pero es que el placer que procuran no solo es agradable, sino también bueno; de hecho, los únicos placeres malos son los que se derivan del mal ajeno, los placeres sádicos y agresivos y los del lado oscuro. Las sociedades más civilizadas siempre han tenido por buenos los placeres y las más incivilizadas siempre han fruncido el ceño con puritanismo ante la felicidad. No creo que la vejez haya disminuido mi capacidad de sentir placer, aunque, por supuesto, ha destruido mi capacidad de hacer algunas cosas que antes me resultaban placenteras. Es lamentable que la impotencia del cuerpo anciano resulte en que ya no pueda jugar al críquet, al rugby, al squash, al hockey o al tenis sobre hierba, ni hacer otras cosas aún más importantes. Pero, aunque no pueda sentir la satisfacción de batear una pelota, aún puedo jugar una buena partida de petanca, y es posible encontrar mucha felicidad en el amor y el afecto mucho tiempo después de haber tenido que aceptar el hecho de que la pasión se ha consumido. Uno de los placeres que toda mi vida me ha parecido más fiable y al que no ha afectado el vampirismo de la senilidad es el placer de escribir. Es, extrañamente, un placer tanto físico como mental. Me gusta sentir en el cerebro el proceso de la composición, sentir cómo funciona la mente, cómo los pensamientos se organizan en palabras y van apareciendo sobre el papel en blanco. Cuando uno está escribiendo, solo se preocupa del pensamiento y la composición, no de si el resultado es bueno o malo, aunque esa incómoda pregunta tendrá que plantearse y responderse después. De momento basta con eso, y uno de los mejores placeres es sentarse por la mañana a escribir.

Otro placer que no ha disminuido demasiado en los últimos veinte años con la edad es el de viajar. Los relatos autobiográficos de viajes son casi siempre aburridos y más vale pasarlos por alto, pero me gustaría decir algo de uno o dos viajes que hice después de la guerra. Una de las muchas privaciones derivadas de la contienda que me afectaron profundamente fue el hecho de estar aislado del resto del mundo. En cuanto uno cruza el canal de la Mancha y ve, si piensa dirigirse al sur, la blanca carretera francesa que conduce al Mediterráneo muchos posos sedimentarios desaparecen de la imaginación. De 1939 a 1949 no vi otro cielo que el que limita al sur con el citado canal de la Mancha. En 1949 fue un placer enorme volver a viajar por las carreteras francesas y desde entonces he vuelto a hacerlo muchas otras veces.

Creo que uno de los grandes placeres de viajar consiste en poder conocer y conversar con desconocidos en un país extranjero con quienes no obstante uno siente una simpatía y un entendimiento inmediatos. No me refiero solo a esa relación personal que, por un momento, nos puede hacer olvidar la inveterada brutalidad y la crueldad innata de las personas, sino al placer de vislumbrar por un momento una civilización y una barbarie diferentes a las propias. Recuerdo dos ejemplos de eso. El primero fue en Grecia, en la Acrópolis. Estaba sentado en un murete contemplando el Ágora cuando un hombre, un vendedor de tarjetas postales se me acercó y preguntó: «¿Dónde ha comprado ese bastón, señor?», respondí que lo había comprado una semana antes en Esparta. «No es un bastón griego —dijo—, y está pintado; no es muy bueno.» Le expliqué que lo sabía, pero que tenía la costumbre de comprar un bastón en todos los países que visitaba. «No es muy bueno —le dije—, pero es muy curioso, y siempre que lo utilice en Inglaterra me acordaré del mercado de Esparta, de Grecia, de la Acrópolis y de usted.» Se echó a reír, se sentó a mi lado y empezó a hablarme de Grecia e Inglaterra. Una hora después, seguíamos sentados en aquel murete charlando y conversando. Empezamos discutiendo las condiciones económicas y políticas del país y terminamos hablando de nuestras vidas. Por fin, se puso en pie, se quitó el sombrero, me estrechó la mano y dijo: «Gracias, señor, me ha gustado hablar con usted». Le di las gracias y le dije que había disfrutado mucho con la conversación. En mi opinión, los griegos se encuentran políticamente entre los pueblos menos civilizados de Europa, pero en otros aspectos son los más civilizados e inteligentes. La inteligencia, el conocimiento y la humanidad de aquel hombre eran extraordinarias. No creo que haya otro país en el mundo, con la posible excepción de Israel, en el que fuese posible tener una conversación y una relación así con un vendedor de tarjetas postales.

El otro incidente sucedió en Israel, adonde viajé con Trekkie en 1957. En los años veinte yo estaba en contra del sionismo y ni el gran Namier ni el todavía más grande Chaim Weizmann lograron convertirme, aunque ambos lo intentaron. Creo que la historia demuestra que la salvaje xenofobia de los seres humanos es tan grande que la introducción de una minoría racial, económica, religiosa o cultural en cualquier país mínimamente poblado siempre conduce al odio, la violencia y el desastre político y social. Ya se trate de los negros en Estados Unidos, de los colonos blancos en Kenia y Rodesia o de los indios de las Indias Occidentales en Wolverhampton la triste historia es siempre la misma, y por tanto, hasta que la raza humana se civilice, todo esfuerzo por evitar la creación de nuevos centros de conflicto entre minorías será poco. Por eso fui de la opinión de que la Declaración Balfour y la introducción de una minoría judía y un Estado judío en un país habitado por una población en su mayoría árabe eran políticamente peligrosas. Pero en la política y en la historia una vez se ha hecho algo para transformar radicalmente el pasado en un nuevo presente, no se debe actuar sobre una situación que ha dejado de existir, sino sobre los hechos que se tienen delante. Cuando se estableció el Hogar Nacional Judío y a cientos de miles de judíos en Palestina, cuando Hitler había matado a millones de judíos en Europa, cuando se creó el Estado de Israel, cuando los árabes proclamaron su intención de destruir Israel y a los israelíes, el sionismo y el antisionismo habían pasado a ser irrelevantes. En cualquier caso, viajé a Israel con la mente relativamente abierta para presenciar por mí mismo aquel regreso de los judíos a Jerusalén.

Nunca —ni siquiera en Grecia— me he sentido tan vigorizado por el clima de un país y por la actitud mental de sus habitantes. En Ceilán, al sur del país, viví varios años en un clima que no tiene otoños o inviernos y tan solo un triste remedo de la primavera: es un verano perpetuo, y además un verano muy cálido, seco y en ocasiones asfixiante. Todavía no he encontrado un clima que sea demasiado caluroso para mí, pues siempre preferiré pasar calor que frío, y puesto que he pasado la mayor parte de mi vida en Inglaterra, la mayor parte de mi vida he pasado frío. Me gustaba el calor de Jaffna y Hambantota en Ceilán, aunque a veces era como un peso físico, igual que estar en la cama con demasiadas mantas encima. En Jerusalén, Haifa y Safed, hacía calor hasta para mí, pero había también una extraordinaria viveza y frescor, una agudeza con un toque de frialdad. Eso resultaba muy estimulante, pero aún lo era más que sus habitantes compartieran las mismas cualidades. La efervescencia física y mental de las calles de Tel Aviv no es comparable con nada que haya sentido en cualquier otro país. Me recordaba al zumbido de éxtasis productivo de una colmena en un día de verano perfecto cuando cientos de abejas felices entran y salen de la colmena con el común propósito de encontrar néctar y acumular miel.

Tenía cartas de presentación y llegué a conocer a varias personas, todas intelectuales, periodistas, escritores, profesores en escuelas y universidades. Pero también pude ver los kibutz y a sus habitantes; además Israel es un país cuyos habitantes enseguida hablan con los extranjeros. Lo que más me sorprendió fue la inmensa energía, la cordialidad y la inteligencia de aquella gente. Y ver a una comunidad civilizada creando un nuevo modo civilizado de vida materialmente del suelo pedregoso y espiritualmente de la historia terrible de todos los pueblos del mundo a lo largo de todos los milenios desde Adán. Había otro aspecto curioso del clima mental de Israel que me recordaba al ambiente de Londres durante los peores días de los bombardeos. En todas partes se percibía la camaradería, la solidaridad y la buena voluntad, supongo que debidos, igual que ocurría en Londres, a la sensación de peligro y de una amenaza común. En Israel es imposible olvidar en ningún momento que uno se encuentra en un país pequeño rodeado de estados árabes violentamente hostiles y de gente que se considera eternamente en guerra y que ha jurado destruir Israel. Supongo que solo una amenaza de muerte inminente como esa o la de las bombas alemanas cayendo del cielo pueden hacer que el rebaño humano sienta su propia unidad y humanidad.

El incidente particular que me permitió vislumbrar el grado de civilización de los israelíes ocurrió en Tiberíades, donde cogimos un taxi para ir a Nazaret. El taxista empezó a hablar nada más salir de Tiberíades. ¿Éramos católicos romanos? No. ¿Pertenecíamos a la Iglesia de Inglaterra? No, éramos agnósticos o ateos, aunque yo era judío de nacimiento. Afirmó que le alegraba oírlo porque así podría decirnos la verdad sobre los sitios por donde pasaríamos. «No me gusta ofender a la gente —dijo—, y en muchos casos es imposible contar la verdad sobre lo sucedido en esta parte del país sin ofender a los católicos y a los protestantes.» Era un hombre notable. Se conocía al dedillo la región entre Tiberíades y Nazaret y sentía un enorme interés y amor por ella. Por el camino nos ofreció un continuo comentario sobre la historia antigua y contemporánea de casi todas las ciudades, pueblos y aldeas por los que pasamos. Sus conocimientos sobre la historia del mundo superaban con mucho los de Trekkie o los míos. Hablaba un inglés perfecto y nunca he oído una charla o conferencia en las que se mezclaran con más gracia el conocimiento, la imaginación y el sentido del humor. Era un hombre tranquilo y amable, lleno de humanidad y buena voluntad. Dichas cualidades se notaban en cuanto uno lo veía hablar con otras personas. La región entre Tiberíades y Nazaret está habitada y cultivada por árabes que, al contrario de lo que hicieron tantos durante la guerra árabe-israelí, no abandonaron el país. Nuestro chófer detuvo varias veces el coche y nos llevó a ver una pequeña mezquita o algún otro lugar de interés en un pueblo árabe. Era evidente que lo conocían y apreciaban en todas partes. Nazaret es una ciudad predominantemente árabe y al entrar dijo que nos presentaría a un guía árabe para que nos la enseñara. «No me parece bien —dijo— que un judío le muestre una ciudad árabe a unos extranjeros.»

No hay otro país en el mundo —con la posible excepción de

Grecia— en el que uno pueda coger un taxi y descubrir que lo conduce alguien con la inteligencia, el conocimiento y la humanidad de aquel hombre. No obstante, en mi opinión, encontrar a un chófer tan civilizado en Israel no fue tan notable como encontrar a aquel civilizado vendedor de tarjetas postales en Atenas. El chófer provenía de un trasfondo muy cultivado y sofisticado de clase media, pues su padre había sido profesor en una universidad yugoslava. Lo que llama la atención es que la absurda y confusa agitación a que los bárbaros han sometido la sociedad en los últimos cincuenta años haya condenado a ese europeo cultivado a pasar su vida conduciendo un taxi en las llanuras de Galilea.

Presencié otro ejemplo parecido del increíble calidoscopio de la historia contemporánea en las montañas de Galilea. Hace veinte años o más vivía en Rodmell un hombre a quien llamaré el señor X. Trabajaba en una naviera y era miembro del Partido Laborista y judío, aunque en la época yo desconocía esto último. Era un hombre amable e inteligente al que le gustaba discutir y que se interesaba por los problemas de su época. Un día vino a verme y me contó que iba a trasladarse a Israel para convertirse en israelí y miembro de un kibutz. El señor X desapareció del Partido Laborista de Rodmell, de las colinas de Sussex que tanto le gustaban y del despacho londinense de la compañía naviera que dudo mucho que le gustara lo más mínimo. Se convirtió en Abraham ben Yosef, el pastor de un kibutz en las montañas de Galilea, cerca de Siria, y todas las navidades a lo largo de muchos años me escribió una carta larga y muy interesante describiendo su vida y sus vivencias. Durante mi viaje por Israel fuimos a las montañas de Galilea y pasamos dos o tres días en Safed. Allí descubrí que estábamos solo a dieciséis millas del kibutz de Abraham ben Yosef, así que alquilé un taxi para que nos llevara allí. El kibutz estaba en la cima de una montaña con una magnífica aunque sobria y desolada vista de las estribaciones de las colinas sirias. El propio kibutz era bastante sobrio y desolado. No había lujos, aunque, como todo en Israel, bullía de vida y energía. Mi amigo vivía en una habitación muy austera, que era una especie de dependencia y en la que el único adorno y distracción era el grifo de agua fría. Todos los días llevaba su rebaño de ovejas a la llanura en la frontera con Siria, y, aunque oficialmente había un estado de amarga enemistad y guerra perpetua entre Siria e Israel, los pastores sirios del otro lado de la frontera confraternizaban con el israelí y las ovejas pastaban mientras los pastores almorzaban juntos.

Invité a Abraham ben Yosef a cenar con nosotros en el hotel en Safed. Llegó a las siete y media cargado con una enorme maleta llena de libros y panfletos que quería que examinara después de cenar. A las diez y media se levantó y dijo que tenía que marcharse. Le pregunté cómo pensaba volver al kibutz que distaba dieciséis millas de allí. Andando, aunque si se encontraba con la patrulla de la policía, seguro que lo acercarían. Era característico de la vida en Israel en esa época que un hombre que había sido un empleado sedentario en Londres considerara normal andar treinta y dos millas cargado con una maleta por unas carreteras de montaña para ir a cenar con alguien.

En mi memoria quedan tres cosas que recuerdo con claridad cuando pienso en Galilea. La primera es Abraham ben Yosef partiendo maleta en mano dispuesto a recorrer a pie dieciséis millas por las montañas para volver a su austero kibutz. La segunda es el enorme y silencioso wadi al pie de Safed, tan cubierto de flores silvestres que encontramos veinte o treinta especies diferentes en unas pocas yardas. El tercero es un regimiento de cangrejos trepando por las escaleras del hotel junto al mar de Galilea. Cuando llegamos al hotel, nos dijeron que solo podían alojarnos dos noches, pues iban a cerrar durante la estación cálida. Pero al día siguiente de nuestra llegada los sirios abrieron fuego contra un bote de pesca israelí y mataron o hirieron a uno de los pescadores. Fue un «incidente» internacional y llegaron tres funcionarios de la comisión de las Naciones Unidas para investigar lo sucedido. El hotel tuvo que seguir abierto un día más y decidimos quedarnos. Fuimos los únicos en hacerlo y nos convertimos en los huéspedes exclusivos de aquel hotel enorme y silencioso junto con los tres comisionados. Estábamos sentados en el gigantesco salón después de cenar cuando de pronto vimos una larga procesión de cangrejos de todos los tamaños que pasaban a nuestro lado y empezaban a subir las escaleras. Cuando el director del hotel pasó de largo sin prestarles atención le pregunté qué significaba aquello. Me respondió que cada vez que cerraban el hotel lo invadían de inmediato cientos de cangrejos del lago y se quedaban allí, en el piso de arriba y el de abajo hasta que el hotel volvía a abrir al llegar la estación fría.

Debo aludir a otra conversación inesperada que recuerdo haber tenido en uno de mis viajes. Ocurrió en Ceilán; el avión en que tenía que regresar a Inglaterra se retrasó, creo que en Birmania, donde hubo que hacerle algunas reparaciones y tuvimos que esperar un día entero. Por fin, nos dijeron que llegaría a medianoche y fuimos en coche al aeropuerto; pero cuando llegamos descubrimos que todavía se produciría un largo retraso. Nos sentamos fuera del edificio en el cálido y soñoliento aire de una noche tropical. Unos de los empleados cingaleses del aeropuerto se sentó a mi lado y empezó a hablar, primero acerca de Ceilán y de los años que yo había pasado allí como funcionario y luego, por alguna extraordinaria razón, de filosofía. Hay cuatro ciencias, campos de conocimiento o disciplinas en las que soy casi completamente ignorante: en la que estoy más pez es la teología; luego va la economía; y, en tercer y cuarto lugar, pondría la sociología y la metafísica, con escasas diferencias entre la una y la otra. Me sentí un poco incómodo cuando descubrí que a aquel funcionario del aeropuerto le apasionaba la metafísica kantiana e insistía en que hablásemos de algo llamado *Prolegómenos a toda metafísica futura*. La siguiente media hora olvidamos el inexistente avión y los demás asuntos terrenales y nos perdimos, no en una *O altitudo*, sino en las fantasías semánticas y en las oscuridades de la *Crítica de la razón pura*. Pronto empecé a sentirme perdido, pero mi compañero estaba tan entusiasmado que no se percataba de mi ignorancia, y a mí me faltó el valor para revelarle mi falta de comprensión tanto de la razón pura como de toda metafísica futura. En cualquier caso, igual que el mar de Galilea quedará siempre inseparablemente ligado en mi memoria a los cangrejos, Colombo ha quedado inseparablemente ligado a Kant.

Mi viaje a Ceilán tuvo lugar en febrero de 1960; fui con Trekkie a pasar tres semanas. Había transcurrido medio siglo desde que viviera allí siete años trabajando como funcionario, una época de mi vida que he descrito en el segundo volumen de mi autobiografía, *Growing*. Antes de ser demasiado viejo o estar demasiado muerto para hacerlo, quería volver a visitar los extraños lugares donde, de manera un tanto despistada, había ayudado en mi juventud a gobernar el Imperio británico. Tenía ciertos recelos por dos motivos: en primer lugar, acababan de producirse varias revueltas bastante graves en la isla en las que los cingaleses habían atacado a los tamiles y se habían producido varias muertes y se habían destruido propiedades. Pensé que tras semejantes disturbios tal vez hubiera restricciones para viajar a algunos sitios, y no quería ir a Ceilán a menos que pudiese ir a donde me viniese en gana. No obstante, cuando pregunté en las oficinas del Alto Comisionado en Londres, me aseguraron que no habría la menor dificultad, y, de hecho, no solo fue así, sino que me sorprendió encontrar muy pocas huellas de aquel horrible conflicto interracial.

Mi otra aprensión tenía que ver con que el imperialismo y el colonialismo hoy tienen muy mala prensa, sobre todo al este de Suez. Si volvía a Ceilán, era con la esperanza de poder ir a los sitios donde había trabajado como funcionario del gobierno y comparar su administración con la nuestra, ahora que Ceilán era un estado soberano e independiente. Pero para eso necesitaría cierta colaboración por parte de los administradores cingaleses y tamiles, y temía que, como es natural, pudieran mostrarse hostiles y desdeñosos conmigo. ¿Tan raro sería que dijeran, o al menos pensaran: «Hace cincuenta años estuviste aquí gobernándonos, racista e imperialista, sangriento e insolente. Gracias a Dios nos hemos librado de ti y no queremos que nos recuerdes cómo nos explotabas en aquellos tiempos»?

Mis temores resultaron ser totalmente infundados: nunca he disfrutado de un viaje tan interesante o agradable como esas tres semanas que pasé recorriendo Ceilán. Y todo gracias a la bienvenida y la ayuda que me dispensó todo el mundo, desde los funcionarios del gobierno hasta el viejo Aron Singho, que tenía ochenta y ocho años y había sido mi peón en la kachcheri de Hambantota cincuenta años atrás. Su actitud fue justo lo contrario que me había temido. Visité los cuatro sitios donde había trabajado de funcionario: Jaffna, Mannar, Kandy y Hambantota. En todos esos lugares los empleados del gobierno se tomaron la molestia de mostrarme cómo administraban los distritos y las provincias. Todos los funcionarios que conocí se esforzaron en darme la impresión de que las cosas funcionaban mejor con nosotros que en la actualidad. Esto era lo que me decían por todas partes: «En su época, cuando usted administraba un distrito o una provincia las cosas iban mucho mejor que ahora. No tenía usted que contentar a los políticos locales y el gobierno de Colombo tampoco. Cuando le nombraron a usted administrador adjunto del distrito de Hambantota hace cincuenta años, su única preocupación era la prosperidad de la región, eso era lo único que perseguía y por lo que trabajaba. Y le permitían hacerlo, casi nadie le ponía trabas y el gobierno central de Colombo le animaba. Pero hoy es totalmente diferente. Por ejemplo, soy el administrador de esta provincia, me esfuerzo en hacer lo que hacían los funcionarios británicos: lo único que me interesa es la prosperidad de la provincia. Pero no me dejan hacer mi trabajo en paz como a usted; los políticos no hacen más que entrometerse. Yo solo me preocupo por el bienestar de la región y de sus habitantes. A ellos solo les importan los votos. Me ponen trabas y me impiden hacer cosas que serían buenas para la provincia con tal de atraerse los votos de un puñado de personas que tienen intereses espurios aquí. Y si se me ocurre oponerme a este tipo de cosas, los demagogos de Colombo tratan de poner a la gente en contra nuestra diciendo que los funcionarios somos parte del viejo "sistema feudal" de los pérfidos días del imperialismo. Ya han abolido el sistema de caciques por feudal, pero lo cierto es que solo lo han abolido de palabra y no de hecho: si va usted a cualquier pueblo, encontrará a alguien que ejerce de cacique exactamente igual que hace cincuenta años, pero ahora ostentará cualquier alambicado título en lugar del de vidane o cacique del pueblo».

Los cingaleses son corteses y melifluos por naturaleza, y en Oriente la gente tiende a ser más amable con los desconocidos que, digamos, en Francia o Alemania. Pero no creo que su tributo a la administración bajo el Imperio británico fuesen simples halagos. Se pueden decir muchas cosas en contra del imperialismo del Imperio británico de 1904 a 1911, que fue cuando ayudé a gobernar el distrito de Hambantota de Ceilán, pero también tenía muchas cosas buenas. Todos los gobiernos son malos de un modo u otro, y lo peor de nuestro gobierno en la India y Ceilán fue su hipócrita democracia, su fracaso al cumplir las promesas democráticas y al implicar a los habitantes de ambos países en su gobierno; sobre todo en los niveles más altos del poder, el prestigio y el gobierno. En contra de lo que afirmábamos, jamás hicimos nada para prepararlos para el autogobierno ni para ejercer un gobierno responsable. Nuestros modales, tanto oficial como socialmente, fueron a menudo deplorables y casi siempre arrogantes. Pero en 1900 la población de Ceilán era esencialmente agrícola y estaba formada por campesinos y cultivadores que vivían en los pueblos. En esos pueblos los niveles de vida, educación y cultura eran bajos. En dichas condiciones, nuestra administración provincial tenía cosas muy buenas: era honrada y, aunque patriarcal y paternalista, es decir, sin duda «feudal», el funcionario que había en lo alto, como gobernante, solo se interesaba por el bien de la provincia y de sus habitantes. Prueba de ello es el hecho de que en 1960, muchos años después de que permitiéramos que Ceilán se gobernase a sí mismo, la administración local y provincial continuara siendo exactamente la misma que cincuenta años antes cuando dejé la isla en pleno apogeo del imperialismo.*

No solo los funcionarios actuales arrojaron flores sobre la administración imperial de mis tiempos. Al final de mis tres semanas de visita, el día que partía de vuelta a Inglaterra, el *Ceylon Daily News* publicó un artículo que empezaba así:

> La presencia aquí del señor Leonard Woolf después de un lapso de cincuenta años trae inevitablemente a la memoria el servicio público de la era colonial. Inmediatamente uno recuerda nombres como los de Emerson Tennent, H. W. Codrington, Rhys Davies, sir Paul Pieris, Senerat Paranavitane y otros que, como Woolf, no solo trabajaron laboriosamente en sus tareas diarias, sino que encontraron tiempo mediante sus actividades extraprofesionales para hacer una contribución esencial en ámbitos como la historia, la literatura y los estudios orientales.
>
> Una cualidad caracterizaba al servicio público de esa época: el ideal del servicio a la comunidad. Los funcionarios de entonces no temían mezclarse con la gente. En eso ofrecían un sor-

---

* Debo añadir que en realidad estoy de acuerdo con los críticos que en Ceilán se oponen a dicho sistema por su carácter «feudal». El gobierno de los súbditos o pueblos coloniales por parte de las potencias imperiales a través de sus propios caciques se conocía como el sistema del «gobierno indirecto». En ciertas etapas de desarrollo social y económico era inevitable. Pero, en muchos sentidos, era un sistema muy malo y tanto nosotros como nuestros sucesores deberíamos haber hecho todo lo posible para favorecer el desarrollo económico y la educación y convertirlo en innecesario.

prendente contraste con sus sucesores actuales, que han levantado un muro entre ellos y las personas para quienes se supone que deben trabajar.

Siento un amor nostálgico y supongo que sentimental por Ceilán y sus habitantes. ¡Ceilán y la juventud! La juventud y el sol, la arena y las palmeras palmira de Jaffna; la juventud y los encantadores y hospitalarios pueblos de Kandyan y sus habitantes en las montañas; la juventud y las vastas llanuras de Hambantota, la interminable selva que me hizo amar la soledad y el silencio. ¡La juventud y la selva! ¿Acaso mi invocación no demuestra que simbolizan en mi corazón y en mi memoria el mismo sitio que ocupan la juventud y el mar en el recuerdo de Conrad y sus capitanes y primeros oficiales? Oigamos la voz de Marlow y Conrad:

¡Ah, los buenos tiempos, los buenos tiempos. La juventud y el mar. ¡El hechizo del mar! El mar encrespado, la sal, el mar amargo, que tanto podía susurrarte como rugirte y quitarte el aliento. Creo que no hay nada tan maravilloso como el mar..., ¿o será solo la juventud? ¿Quién sabe? Pero ustedes... tienen todo lo que puede pedirse a la vida: amor, dinero, —todo lo que puede conseguirse en tierra—, y díganme, ¿no fue ese nuestro mejor momento, cuando éramos jóvenes en el mar; cuando éramos jóvenes y no teníamos nada, en el mar que lo único que da son golpes, y, a veces, la oportunidad de sentir tus propias fuerzas, no es eso lo que todos echamos de menos?

Sustitúyase «la juventud y el mar» por «la juventud y Ceilán y la selva» y, sin duda, podría ser la voz nostálgica y el recuerdo levemente lacrimoso de Leonard Woolf en lugar del de Conrad y Marlow, aunque en el fondo de mi corazón no me siento tan nostálgico y lacrimoso por «los buenos tiempos» como esos marinos sentimentales. No obstante, algo de eso sentí por Ceilán en mi juventud, y volver a sentirlo, no solo en mi recuerdo, sino en los sonidos y aromas de los pueblos de Kandyan y la selva del llano y en las voces de cingaleses y tamiles, fue lo que hizo que la resurrección del tiempo pasado durante esas tres semanas fuese tan agradable.

También, como es natural, fue muy placentero recibir en todas partes una bienvenida amistosa e incluso afectuosa, y aunque por lo general me desagradan mucho las recepciones oficiales y la pompa y circunstancia de las capas más altas de cualquier sociedad —de los reyes y los duques a los dictadores del proletariado—, tengo que admitir el vergonzoso placer que obtuve al ser tratado como un personaje de suma importancia en todo Ceilán. En parte se debió al deseo de muchos por saber lo que pensaba una persona como yo, que había conocido tan bien su país medio siglo antes, acerca de su situación actual ahora que estaban gobernándolo ellos mismos. Una y otra vez me preguntaban: «¿Qué opina de Ceilán hoy? ¿Ha cambiado mucho desde su época?». Pero no peco de vanidoso si digo que su bienvenida también se debía a otras cosas, y sobre todo a *The Village in the Jungle*, la novela sobre Ceilán que escribí en 1913. Ha sido traducida al cingalés y hay una productora cingalesa que va a adaptarla al cine. El libro se sigue leyendo en la isla y ha adquirido la reputación entre muchos cingaleses y tamiles no solo de retratar con cariño al país y a sus habitantes, sino de entenderlos. Esa reputación aumentó por lo ocurrido en 1916, cuando a lo largo de un año o más trabajé codo con codo con los delegados cingaleses que fueron a Londres para tratar de conseguir justicia después de las revueltas de 1915.*

Otra cosa que, sorprendentemente, hablaba en mi favor era el diario oficial que mantuve del 28 de agosto de 1908 al 15 de mayo de 1911, cuando fui administrador adjunto del distrito de Hambantota en Ceilán. Todos los administradores y administradores adjuntos en aquellos malhadados tiempos tenían que llevar un diario detallado de lo que hacían y enviarlo cada mes al Secretariado en Colombo, donde se leía con suma atención. (Cualquier cosa de particular interés o que fuese en descrédito del diarista se mostraba al secretario colonial o incluso al gobernador, y una vez me llevé una severa reprimenda por parte de Su Excelencia por incluir en mi diario, con la inexcusable arrogancia y el sublime valor de la juventud, una crítica sarcástica —y no precisamente injustificada— de mi superior, el administrador de la Provincia Meridional.) Esos diarios oficiales tienen, en algunas provincias, más de un siglo y medio; cuando estuve destinado en la Provincia Septentrional descubrí que el primer diario del *kachcheri* de Jaffna lo había escrito el oficial que, a finales del siglo XVIII había entrado victorioso en Jaffna después de Gran Bretaña le arrebatara Ceilán a los holandeses en 1795. Los diarios ofrecen una historia detallada de la administración británica en una colonia de la corona durante más de cien años. Por mi parte, me preocupé de escribir mi diario de forma franca y detallada. Por eso me sorprende que me proporcionara prestigio entre los cingaleses y los tamiles en 1960, ya que no los escribí para ser pu-

---

* Los detalles de esta historia, tan deshonrosa para el gobierno británico, se dan en *Beginning Again*.

blicados ni para el público general; era un informe confidencial para el gobierno central. Un documento que mostraba las iniquidades del antiguo régimen imperialista.

Creo que de hecho lo hace, porque proporciona una vívida imagen del paternalismo del gobierno colonial británico hace medio siglo; si se leen sin prejuicio pueden verse tanto las partes más luminosas como las más oscuras. No obstante, por suerte para mí, la gente pasó generosamente por alto las oscuras y me agradeció las luminosas. En cuanto llegué a Colombo, el señor Shelton Fernando, que era entonces jefe de la Administración Pública, fue a verme y me regaló un ejemplar de mis diarios de parte del gobierno. El señor Fernando era, y continúa siendo tras su jubilación, un hombre notable. Se dicen muchas cosas malas de los funcionarios —muchas sin duda justificadas—, pero todos los altos funcionarios de estilo británico a quienes conocí eran gente admirable, que no solo dominaban el arte difícil y extraño de la administración y poseían el *robur et aes triplex circum pectus* sin el cual les sería imposible conservar la cordura e incluso la vida en su situación, sino que además eran personas de una excepcional humanidad y civilización. Shelton Fernando, que era secretario permanente del Ministerio de Asuntos Interiores —el equivalente al secretario permanente del Tesoro en Whitehall—, era tan bueno como cualquiera de ellos cuando lo conocí en Colombo. Fue el principio de una agradable e instructiva amistad, pues era un hombre de amplios intereses a quien apasiona todo lo que tenga que ver con Ceilán y su historia; en los últimos ocho años he recibido casi una vez al mes una larga carta suya poniéndome al corriente de lo que está ocurriendo o ha ocurrido en la isla.

El señor Fernando nos llevó a ver a sir Oliver Goonetilleke, el gobernador, y al señor Dahanayake, el primer ministro. El gobernador dijo que, cuando fuésemos a Kandy, seríamos sus invitados en su residencia oficial, The Pavilion. Así lo hicimos y fue una experiencia curiosa. En 1907 me habían enviado a Kandy como administrador adjunto de la Provincia Central y pasé allí un año. Viví en un modesto bungalow que había casi a las puertas de The Pavilion. Ahora nos alojábamos en el palacio del rico desde donde se veía la humilde cabaña en que había vivido antes. Los palacios que nuestros procónsules imperialistas habitaban en Asia eran con frecuencia unos edificios muy notables, y el pabellón de Kandy era a su manera, dejando aparte la pompa y circunstancia imperiales, bastante bello. Está en mitad de un precioso jardín semitropical, cuyo encanto a mis ojos, aumenta por el gran número de monos del gobernador que se balancean en las ramas de los grandes árboles y, como Luriana Lurilee,[25] «ríen y parlotean entre las flores».

Cuando fui a ver al primer ministro en Colombo me habló de mis diarios de Hambantota y luego dio instrucciones al señor Fernando de que mandara imprimirlos y publicarlos. Aparecieron en Ceilán en 1961 en el *Ceylon Historical Journal* y Hogarth Press los publicó en Inglaterra. Cuando los leí en el hotel Galle Face de Colombo cincuenta años después de escribirlos trajeron a mi memoria y casi ante mis ojos el retrato de lo que había sido Ceilán (y yo mismo) en aquellos días lejanos. Me alegró mucho tener la oportunidad de evocar ese cuadro antes de emprender mi viaje sentimental a Hambantota, Kandy y Jaffna. Fue raro ver lo mucho y, en algunos aspectos, lo poco que había cambiado la gente, el gobierno, la tierra e incluso la selva desde la última vez que los había visto. Hice una relación de lo que me parecían los cambios más importantes en el prefacio que escribí para la edición de los diarios, y en lugar de intentar hacer otra vez lo mismo, citaré lo que escribí allí.

Hacer una relación de lo que han sido todos esos cambios requeriría escribir no un prólogo, sino un libro entero; pero puedo aludir brevemente a tres inmensos cambios en los que reparé. El primero es la revolución que sufre un pueblo cuando obtiene la «independencia» y cuando se gobierna a sí mismo. Cuando dejé la Administración Pública en 1911, todos los funcionarios que gobernaban las provincias y distritos eran europeos, de hecho lo eran casi todos los miembros de la administración y todos los altos cargos de todos los departamentos del gobierno. Hoy el gobierno, la administración y los servicios públicos están dirigidos desde el puesto más bajo hasta el más alto por tamiles y cingaleses. En otras palabras, el pueblo de Ceilán se está gobernando a sí mismo en lugar de ser gobernado por jóvenes (y viejos) nacidos en Londres o en Edimburgo. El ritmo de la vida y el gobierno es muy diferente, es más vivaz y vigoroso en 1960 que en 1911 y eso se debe sobre todo al autogobierno.

El segundo cambio también es un cambio de ritmo. Cuando trabajaba en la Administración Pública, el automóvil apenas había llegado a Ceilán. Viajábamos por nuestros distritos a caballo, en bicicleta o a pie. El pulso de la vida normal lo dictaba el paso de los carros tirados por bueyes. No había autobuses e incluso la «diligencia» de Anuradhapura a la Provincia Septentrional era un carro de bueyes. Hoy el pulso de la vida late al ritmo de los automóviles o autobuses que recorren las treinta, cuarenta o cincuenta millas que separan los pueblos y las ciudades entre sí. Eso tiene, por supuesto, grandes ventajas, pero también algunas desventajas. Un resultado es que la selva que describí en *The Village in the Jungle* está dejando, o tal vez haya dejado ya de existir. En cualquier caso, hoy es imposible que un administrador se familiarice tan íntimamente con los problemas como hacía yo hace cincuenta años. El único modo de conocer los pueblos y a los lugareños era recorrerlos a pie, sentarse bajo la copa de un árbol o junto a un depósito de agua y escuchar sus quejas y problemas. Hoy uno atraviesa los pueblos a treinta millas por hora.

El tercer cambio es económico. Como es lógico, en una visita de tres semanas uno no puede saber realmente cuáles son las condiciones económicas de un país como Ceilán. Pero mi impresión en todas partes fue que el nivel de vida es más alto hoy que en 1911 y que la prosperidad se ha extendido. En todo caso, en un distrito como el de Hambantota, los cambios son enormes. Los pueblos de la selva arrasados por la pobreza, los Beddegamas de mi época, casi han dejado de existir; allí donde había miles de acres de tierra baldía y selva hoy hay miles de acres de arrozales, buenas carreteras y pueblos florecientes. Esos cambios son todos para bien. Sin embargo, por debajo de la superficie intuyo que muchas cosas no han cambiado lo más mínimo. Volví a visitar algunos de los pueblos que quedan más a trasmano y que había conocido tan bien, tanto en las colinas de Kandy como en las tierras bajas. Poco a poco la gente, adultos y niños, se fueron congregando en torno a mí, me miraron fijamente y empezaron a hablar sin entusiasmo, a veces de los viejos tiempos. Puede que me equivoque, pero me dio la impresión de que algo de la vida típicamente cingalesa de los pueblos pervive por debajo de la superficie moderna. Aquellos tiempos tenían muchas cosas malas, pero también algunas buenas. De todos modos, recuerdo con una especie de afecto nostálgico y sin duda sentimental aquel modo de vida cingalés y a quienes vivían de aquella manera.

He dicho que mientras estuve en Ceilán fui bienvenido casi en todas partes. En una ocasión me recibieron con extrema hostilidad, lo que demuestra que algunas personas, como el elefante, nunca olvidan ni perdonan. El día antes de mi partida, estaba sentado en el hotel Galle Face hablando con el señor Fernando cuando me dijeron que alguien quería hablar conmigo. Mi visitante resultó ser el señor E. R. Wijesinghe, de ochenta y seis años de edad; había sido mudaliyar o cacique de Giruwa Pattu en el distrito de Hambantota cuando fui administrador adjunto hacía cincuenta años. Solo conservaba un vago y neblinoso recuerdo de él. Se plantó delante de mí y del señor Fernando y trajo a mi memoria un incidente del que, una vez más, tenía solo un vago recuerdo. Ocurrió durante un estallido de peste bovina que arrasó el distrito. El gobierno me había dado instrucciones de que me asegurara de que todo el ganado estuviese atado o en cercados y de que se sacrificara de inmediato a todos los animales enfermos, y yo había trasladado esas instrucciones a todos los caciques incluido el mudaliyar. Un día recibí la información de que había un búfalo infectado de peste bovina suelto por un pueblo que caía en el área del mudaliyar, así que le envié un recado de que fuese a verme al día siguiente por la mañana con el cacique del pueblo. El pueblo estaba a unas veinte millas de mi bungalow y fui allí a caballo a primera hora de la mañana. El mudaliyar y el cacique se reunieron conmigo y me llevaron al depósito de agua del pueblo, que se hallaba casi seco. Al otro lado había un búfalo que, según admitieron, estaba infectado de peste bovina.

Yo había llevado un rifle conmigo y le pedí al cacique que fuese al otro lado del depósito y obligase al búfalo a ir hacia donde yo estaba para que pudiera dispararle. El cacique se fue, pero no tardó en volver diciendo que el búfalo tenía un comportamiento muy agresivo debido a las heridas que tenía en la cabeza (producidas por la enfermedad) y había tratado de embestirle. Le di el rifle al mudaliyar y le dije que yo obligaría al búfalo a ir hacia él para que pudiese dispararle. Así lo hice y el mudaliyar abatió al desdichado animal, que se encontraba en un estado terrible debido a la enfermedad.

Bajo las leyes promulgadas para erradicar la peste bovina, era un delito, penado con multa o prisión, tener ganado sin atar y no sacrificar a un animal infectado, y el propietario podía ser juzgado por un magistrado. Como tal, informé al mudaliyar de que pensaba procesar y juzgar al dueño de aquel búfalo cuanto antes. «¿Quién era?» Para mi sorpresa me informaron de que el propietario era el sinvergüenza del cacique del pueblo que tenía ante mí. Lo procesé por dos delitos: no atar el ganado y no sacrificar a un búfalo infectado, y le impuse una multa de diez rupias. Y, en mi calidad de administrador adjunto, lo procesé por incumplimiento del deber, es decir, por no denunciar al infractor (él mismo), y por quebrantar la ley, y le impuse otra multa de diez rupias.

Todo eso me explicó, porque yo lo había olvidado, con mucho detalle y considerable rencor el viejo mudaliyar que se plantó delante del señor Fernando y de mí en el hotel Galle Face cincuenta años después, y mientras hablaba, reconsiderando el largo paso de los años, recordé de pronto y me pareció ver vivamente la escena de nosotros tres de pie, con un calor sofocante junto al depósito vacío y agrietado y el búfalo muerto cubierto de moscas, cerca del pueblo que tenía el majestuoso nombre de Angunakolapelessa. Y cuando el mudaliyar terminó su historia, me echó una mirada torva y vidriosa y dijo: «¿Fue justo, señor? ¿Fue justo? El cacique pagó las diez rupias que le impuso usted de multa como magistrado, pero no pudo pagar las otras diez que le condenó a pagar por incumplir su deber. Esas tuve que pagarlas yo..., yo las pagué. ¿Fue justo? ¿Le parece justo, señor?» «Sí —repliqué—, claro que lo fue. Había cometido dos delitos, uno como propietario del búfalo y otro como cacique del pueblo, y le castigué por el primero en calidad de magistrado y por el otro como administrador adjunto. Sí, mudaliyar, fue justo.» Por supuesto que lo fue. Aquel 28 de febrero de 1960, en el hotel Galle Face con el indignado mudaliyar enfrente de mí estuve totalmente seguro, y sin embargo no acababa de sentirme del todo cómodo al respecto, y estoy convencido de que cincuenta años antes, en 1910, cuando estuve junto al depósito de agua con el mudaliyar y el desdichado vidane, tuve la misma sensación ambivalente. Esa ambivalencia respecto a la ley, el orden y la justicia en una sociedad imperialista fue uno de los principales motivos que me impulsaron a dimitir de mi puesto en la administración. En lo que se refiere a la ética del gobierno y el servicio público soy un puritano estricto tanto para mí como para los demás. Una de las bases de la civilización es la honradez y la justicia por parte del gobierno y los funcionarios del gobierno; que un cacique o cualquier otro funcionario público cometa un delito y lo oculte mientras sigue procesando y condenando a otras personas por el mismo delito me parece escandaloso, y entonces consideré, y sigo considerando todavía hoy, que habría sido injusto no condenarlo por los dos delitos cometidos, uno como particular y otro como representante del gobierno. Pero hay un tópico —que normalmente me irrita porque a menudo los jueces recurren a él— que dice que una decisión no solo debe ser justa, sino también parecerlo. Aunque los cielos se hubiesen desplomado sobre nuestras cabezas en el depósito de agua de Angunakolapelessa o en el hotel Galle Face, aunque Jehová o Gautama Buda se hubiesen aparecido y hubieran proclamado que había sido justo por mi parte multar al cacique con aquellas veinte rupias, ni él ni mudaliyar E. R. Wijesinghe lo habrían creído. Eso me parecía y aún me parece muy deprimente. El señor Wijesinghe tenía tanto derecho como yo a tener un código de conducta, y no hay una verdadera respuesta a su pregunta: «¿Fue justo, señor, fue justo?». Yo estaba convencido de que sí, pero no me veía capaz de pasarme la vida haciendo justicia entre gente que pensaba que mi justicia era injusta. Sentía cierta lástima por el vidane de Angunakolapelessa e incluso por el señor Wijesinghe que había tenido que pagar sus diez rupias. En cualquier caso, desde 1911 no he vuelto a trabajar de funcionario.

He dicho que el mudaliyar fue la única persona que me recibió con hostilidad durante mi visita a Ceilán, o me recordó que había sido un imperialista. No obstante, después de mi visita, se publicaron varios artículos en los periódicos de Ceilán que me atacaron por mi comportamiento arrogante e imperialista de cincuenta años antes. Salió a relucir la falsa historia de que, de joven, en Jaffna, había golpeado deliberadamente en la cara a un abogado tamil con mi fusta de montar. Por otro lado, el señor Fernando y otras personas escribieron en mi defensa.

Antes de concluir este volumen, debo volver por un instante a la cuestión de la vejez. Desde que Cicerón escribiera su *De senectute* los viejos han escrito pomposos tópicos al respecto, truismos que casi siempre contienen un diez por ciento de verdad y un noventa por ciento de mentira. O han padecido esa complaciente hipocresía que le permitió escribir a Séneca: *Ante senectutem curavi ut bene viverem; in senectute, ut bene moriar* («Antes de envejecer procuré tener una buena vida, en la vejez procuro tener una buena muerte»). Hace unos años tuve que pronunciar un discurso de sobremesa, escogí la cuestión de la vejez y la mayoría de los amigos que me oyeron se quejaron de que había dicho tantas tonterías al respecto como Cicerón y Séneca. No creo que tuvieran razón. Su principal queja era que mi retrato de la vejez era absurdamente optimista y olvidaba todas las miserias, achaques y dolores del cuerpo anciano, la mente anciana y el alma marchita. Solo puedo, claro está, hablar de mi propia vivencia. Hay cosas lamentables en la decadencia física y mental cuando uno avanza de la mediana edad hacia la muerte. Pero hay compensaciones. Admito que soy físicamente fuerte y que hasta ahora he escapado de la mayoría de los achaques del cuerpo moribundo. Por otro lado, una evidente satisfacción procede del hecho de que, en Inglaterra, uno disfruta de un gran prestigio solo por el simple hecho de no morirse. Si uno llega a ser lo bastante viejo, obtendrá un inmenso respeto, prestigio e incluso amor del pueblo de Inglaterra. La reina Victoria y el gran W. G. Grace son ejemplos bien conocidos de ese culto a la vejez. Victoria, que había sido impopular en su mediana edad, fue más amada por sus súbditos a medida que se prolongaba su vida de anciana egoísta y malhumorada. Grace, es cierto, fue el más grande de los jugadores de críquet, pero su enorme fama y popularidad no se debían tanto a su genio como al hecho de que pudiera sumar cien puntos a los sesenta años. Cualquiera que viva hasta los ochenta años disfruta, al adquirir el mérito de no haber muerto, de esa aprobación y afecto casi irracionales. Es una ventaja valiosa porque proporciona la base para una buena relación con los demás. Por eso es más fácil para un hombre de ochenta años entenderse con un joven que para uno de cincuenta o sesenta.

La vejez tiene otras ventajas. Las tormentas y tensiones de la vida, las ambiciones y la competencia han pasado ya. Nos quitamos de los hombros y de la conciencia las responsabilidades fútiles, innecesarias y falsas. Incluso los falsos proverbios tienden a convertirse en verdaderos para los viejos, por ejemplo, ese que dice que no vale la pena llorar por la leche derramada..., después de cumplidos los ochenta. Uno ha aprendido la lección de que basta con haber vivido un día más. Y casi puede decir:

¡Envejece conmigo!
Lo mejor aún está por venir,
el final de la vida, para el que se hizo el principio.[26]

Y repetir, una vez más: «Lo importante no es llegar, sino el viaje».

Notas del traductor

1. Alusión a un verso del libro I de *El paraíso perdido*, la obra cumbre del poeta inglés John Milton (1608-1674).

2. Jeremías 7:32. El valle de Hinnon es la Gehenna, escenario, según la tradición judía, de sacrificios sacrílegos que acabó por identificarse con el infierno.

3. La cita está tomada del famoso monólogo del *Hamlet* shakespeariano.

4. Levítico 16:21.

5. Mateo 27:25.

6. «Hágase justicia aunque se hunda el cielo.»

7. Miqueas 6:8.

8. Versos del poema de Tennyson *Los idilios del Rey*.

9. Versos del Soneto 8 de Milton.

10. Personaje del *Parsifal*, de Wagner.

11. *Otelo*, acto I, escena III.

12. Isaías 53:3.

13. Salomón 2:8.

14. Isaías 22:13.

15. Mateo 6:34.

16. *Mucho ruido y pocas nueces*, acto III, escena V.

17. El *Common Reader*, donde se recogen los ensayos críticos de Virginia Woolf.

18. Verso de la «Oda a un ruiseñor», de John Keats (1795-1821).

19. Alusión a *El progreso del peregrino*, de John Bunyan (1628-1688).

20. Horacio, *Odas* (1, 3, 10).

21. Las dos frases están tomadas de la escena I del acto III de la obra citada de Shakespeare.

22. Versos del poema «The Battle of Bleinheim» del poeta Robert Southey (1774-1843).

23. Las tres citas son del poema «Jerusalem» del poeta inglés William Blake (1757-1827).

24. La expresión, que se ha convertido en una frase hecha, se atribuye al duque de Wellington cuando se enteró de que la cortesana Harriette Wilson amenazaba con publicar sus memorias y sus cartas.

25. Poema de Charles Isaac Elton (1839-1900); Virginia Woolf lo cita varias veces en su novela *Al faro*.

26. Con esos versos empieza el poema «Rabbi Ben Ezra», del poeta inglés Robert Browning (1812-1889).

Índice

Nota del editor 9

1. La muerte de Virginia 11
2. Hogarth Press 100
3. 1941-1945 130
4. Todos nuestros ayeres 177

Notas del traductor 215

Algunos títulos imprescindibles de Lumen de los últimos años

Genio y tinta | Virginia Woolf
Un cuarto propio | Virginia Woolf
Orlando | Virginia Woolf
Las olas | Virginia Woolf
Al faro | Virginia Woolf
Roger Fry | Virginia Woolf
Flush | Virginia Woolf
La fiesta de la señora Dalloway | Virginia Woolf
Los años | Virginia Woolf
Entre actos | Virginia Woolf
Momentos de vida | Virginia Woolf
Tres guineas | Virginia Woolf
Londres | Virginia Woolf
El lector común | Virginia Woolf
La muerte de Virginia | Leonard Woolf
Las inseparables | Simone de Beauvoir
El remitente misterioso y otros relatos inéditos | Marcel Proust
El consentimiento | Vanessa Springora
Beloved | Toni Morrison
Estaré sola y sin fiesta | Sara Barquinero
El hombre prehistórico es también una mujer | Marylène Patou Mathis
Manuscrito hallado en la calle Sócrates | Rupert Ranke
Federico | Ilu Ros
La marca del agua | Montserrat Iglesias

La isla de Arturo | Elsa Morante
Cenicienta liberada | Rebecca Solnit
Hildegarda | Anne Lise Marstrand-Jørgensen
Exodus | Deborah Feldman
Léxico familiar | Natalia Ginzburg
Canción de infancia | Jean-Marie Gustave Le Clézio
Confesiones de una editora poco mentirosa | Esther Tusquets
Mis últimos 10 minutos y 38 segundos en este extraño mundo | Elif Shafak
Una habitación ajena | Alicia Giménez Bartlett
La fuente de la autoestima | Toni Morrison
Antología poética | Edna St. Vincent Millay
Madre Irlanda | Edna O'Brien
Recuerdos de mi inexistencia | Rebecca Solnit
Las cuatro esquinas del corazón | Françoise Sagan
Una educación | Tara Westover
El canto del cisne | Kelleigh Greenberg-Jephcott
Donde me encuentro | Jhumpa Lahiri
Caliente | Luna Miguel
La furia del silencio | Carlos Dávalos
Poesía reunida | Geoffrey Hill
Poema a la duración | Peter Handke
Notas para unas memorias que nunca escribiré | Juan Marsé
La vida secreta de Úrsula Bas | Arantza Portabales
La filosofía de Mafalda | Quino
El cuaderno dorado | Doris Lessing
La vida juega conmigo | David Grossman
Algo que quería contarte | Alice Munro
La colina que ascendemos | Amanda Gorman
El juego | Domenico Starnone
Un adulterio | Edoardo Albinati
La intemporalidad perdida | Anaïs Nin

Este libro
acabó de imprimirse
en Madrid
en julio de 2025

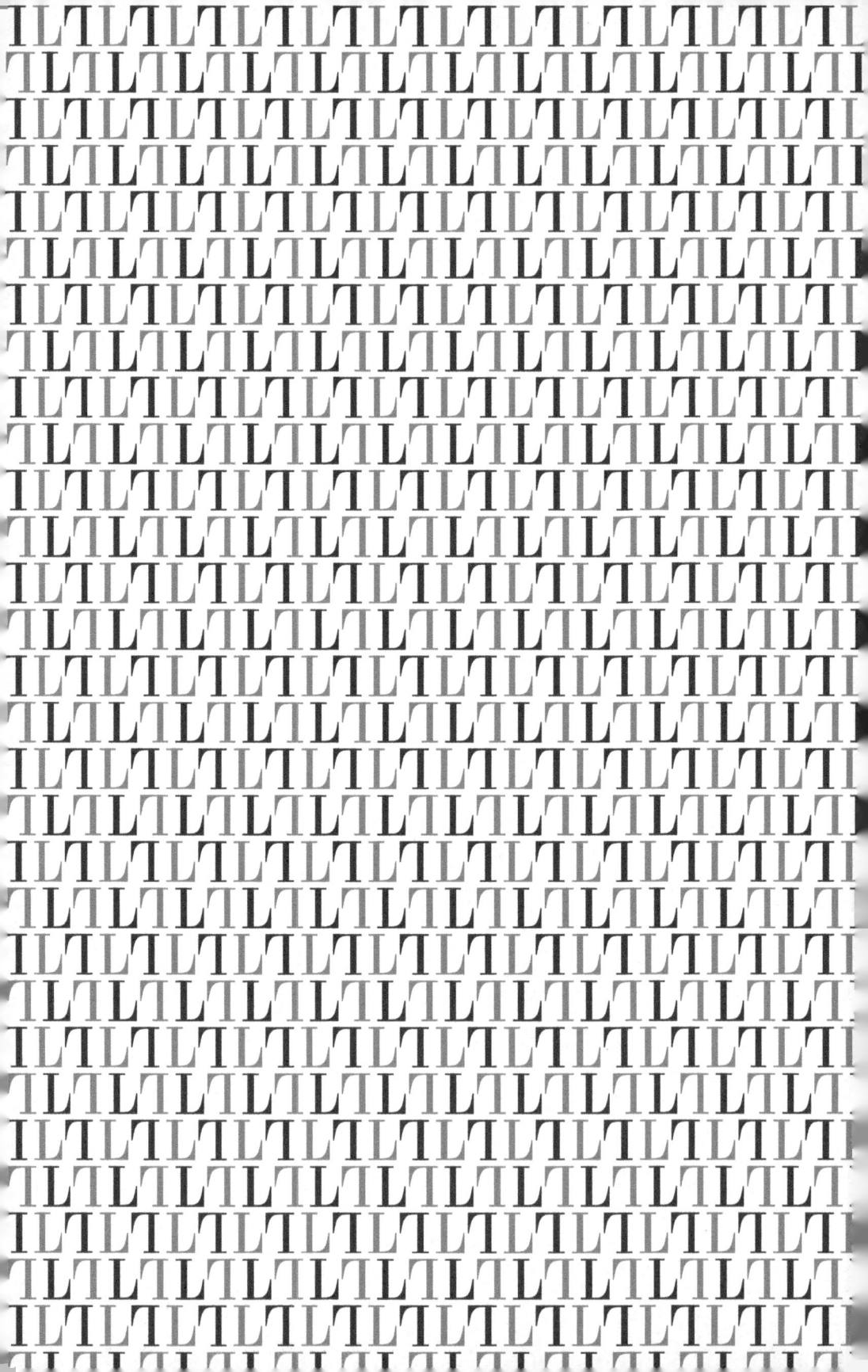